抄訳「フランス革命史」正誤表

P 26： 4行目　任期→人気

P 61： 5行目　王子→王弟

P 141：13行目　国王からは→国王から

P 189： 1行目　権利を抱くのか？→権利を持つのか？

P 274： 7行目　このほど憐れみ→これほど憐れみ

ジュール・ミシュレ

抄訳

「フランス革命史」

第一巻・第二巻

瓜生純久訳

目次

まえがき

貴族と王権の対立

フランス王国の歴史は、王権が地方の有力諸侯の領地を統合していく歴史でした。統合後も各地方の法（南部ではローマ法、北部では慣習法）と特権を認めました。度量衡や税に関してもまちまちでした。その上で国王を頂点とする主従関係が成り立っていました。

十七世紀に特権の侵害に反対する特権身分および貴族が起こし、それに重税に苦しむ民衆が加わった大規模なフロンドの乱が鎮圧されたのち、王権はルイ十四世の絶対王政の下で強化されました。しかしルイ十四世の死後、再び特権身分・貴族と王権のあいだに緊張がたかまり、とりわけ特権身分が根拠地としている高等法院は、回復した王令登録権を武器に王権に抵抗します（王令は高等法院が登録して初めて効力を発する）。

危機的な国家財政

ルイ十五世の時代まで、うち続く対外戦争のための戦費は度重なる増税によってまかなってきました。イギリスに対する七年戦争の意趣返しとして、ルイ十六世が始めたアメリカ独立戦争の支援の戦費は、もはや増税にたよることができず、公債発行でまかなわれました。その結果国家財政は、危機的な状態に追い込まれました。

財政危機からの脱出のために政府がとった政策は、身分や地域による税の不公正をなくそうとするものでした。国王はそれをのませるために、諮問機関である名士会を招集しました。特権身分からなる名士会は、これまでに国王の意志に反対することがなかったからです。予想に反して名士会の反対に遭った政府は、この法案を高等法院に登録させようとしました。

全国三部会の開催へ

高等法院は、税の審議であることを理由に、全国三部会の開催を要求しました。しかし本音は、身分別評決によって特権身分が有利になることを見越しながら、世論を引きつけることにありました。国王は王令の登記を迫りましたが拒否され、高等法院をパリから追放しました。しかし全国三部会の開催を望む声が日増しに大きくなり、ついに国王は全国三部会の招集とそのための選挙の実施を命じました。

この本は、ジュール・ミシュレの「フランス革命史」(序論と二十一巻)のうち一、二巻を、出来事に重点をおきながら、抄訳したものです。

〈用語の説明〉

高等法院

イギリスの議会parlementと同じ語源。フランスのparmentは、最高裁判所のような役割を持つ。高等法院は、国王の定めた法律もここに登記されない限りは法的効力をもたない。しかし国王が登録を迫った場合拒否できない。

三部会

地方三部会も全国三部会も十四世紀に創設され、租税の審議を中心的におこなっていたが、絶対王政後は開催されなくなった。しかしフランス王国に統合されるのが遅かった地方は、地方三部会が残存した。聖職者、貴族、第三身分の三つの身分によって構成され、評決は身分ごとにおこなわれたので、つねに特権身分に有利であった。

第一部

一七八九年四月～七月

第一章　一七八九年の選挙

全ての人民が、選挙人を選出し、そして自分たちの不満や要求を陳情書に書くよう求められた。人民の無能が当てにされたのである。人民の本能の堅固さ、すなわち頑迷そして同調性に拠り所を求めた。全国三部会の招集は遅れた。パリの全国三部会選挙が遅れたからである。国民主権の初めての行使・選挙人たちは、暴動に煩わされた。レヴェイヨン事件である。そこから誰が利益を得たのか。とにかくこうして選挙は完了した（一七八九年一月〜四月）。

一七八九年の全国三部会の招集は、真に人民が誕生した時である。招集は全ての人民に、自らの権利を行使することを求めた。

少なくとも、自分たちの不満や願望を伝えること、そして選挙人を選ぶことができた。

小さな共和制の社会が、すべての構成員の政治的権利を認めることは、これまでに見られた。

フランスのような強大な王国、あるいは帝国においては、決してなかったことである。これは我々の歴史に限ったことではなく、世界の歴史においても、初めてのことである。

それ故、「選挙[*1]のために皆集まろう。皆の不満を届けよう」という言葉を、幾時代をも経て初めて人々が耳にした時、巨大で深い衝撃が、地震のように人々の精神を揺るがせ、人びとが気づかないほどの辺鄙な地域で、ひっそりと生活する人々に至るまで、この言葉に衝撃を受けたのである。

全ての都市が選挙を実施した。旧地方三部会が存在したような有力な都市だけではない。都市に限らず、農村も選挙をおこなった。

五百万人が選挙に参加したことは確かである。

壮大で驚異的、そして言葉に表せないほど感動的な光景だ！一挙に無から有へ、その時まで沈黙していた人民が、一度に声を出すのである。

この同一の呼びかけは、地位だけではなく、文化、生活様式、思想において、極めて多様な国民に向けてなされた。人民はこの呼びかけにどのように応えたのであろうか？これこそが大問題である。一方で国の徴税人が、他方で封建領主が、人民に辛苦を押しつけながら、いかに人民の知性を失わせるかを争ってきたように思える。王制は、人民から公共の生活を奪い、公共の事業によってなされていた教育を奪った。教師役を押し付けられた聖職者は、とっくの昔に人民に教えることをやめていた。彼らは、人民が無能で、押し黙り、話す言葉ももたず、考えることもしないためには、何でもしたのであろう。そして今、人民にこう言うのである。「さあ、立ち上がり、一歩を踏み出し、話したまえ」と。

支配層は、この無能を当てにした。当てにしすぎたほどである。別の言い方をすると、これを大運動にしようなどとは、露ほども思わなかった。全国三部会を最初に口にした者たちも、その開催を求めた高等法院の連中も、開催を約束した大臣たちも、そして招集したネッケル[*2]すら、人民が真剣に参加することはできないと信じ込んでいた。彼らはただ、大多数の無気力な国民を厳かに登場させることによって、特権を持つ者に一泡吹かせようと考えたのである。自らが特権中の特権を有し、浪費の限りを尽くした張本人である宮廷は、他の特権者と一戦を交えようなどとは露ほども考えなかった。宮廷はひたすら、聖職者と貴族に徴税を強いて、国庫を満たし、それを自分のものにすることを考えただけである。

王妃は何を望んだのであろうか？ 成り上がり者に見放され、そのことを貴族に嘲笑され、しだいに軽んじられ、孤立しつつある彼女にとって、嘲弄する連中にちょっとした仕返しをし、怖じけさせ、国王にすり寄らざるをえないようにすることである。王妃は、兄ジョゼフ二世

［神聖ローマ帝国の皇帝―訳注］がオランダにおいて、小都市を大都市、高位聖職者、有力者と対立させていたのを知っていた。このことが頭にあった彼女は、おそらくネッケルの考えにそれほど反対はせず、貴族と聖職者とを合わせた数の議席を、第三身分に与えることに同意したに違いない。

そしてネッケルは何を望んだのであろうか？一度に二つのことを、すなわち多くのものを示して、わずかしか実行しないということである。

人目を引くため、名誉のため、有名になるため、サロンと大衆を興奮させるために、気前よく、第三身分の代議士を二倍にしなければならない。

事実、人びとは、この大盤振る舞いに寛容であった。

第三身分の議席は多少とも多かったが、相変わらず三つの身分の一つである。つまり特権身分の二つの決議に対する一つの決議である。ネッケルは、過去の全国三部会において何度も機能麻痺を引き起こした身分ごとの投票を、維持しようと考えている。

第三身分は常に極めて控えめで、実に礼儀正しく、第三身分の人々を代表に選ぼうとするに積極的ではなかった。しばしば貴族を議員に指名することもあった。もっとも多いのは、貴族と共に投票することを鼻にかけ、自分たちを指名した第三身分の利益に反する投票をする、爵位を与えられたブルジョア、高等法院の連中であった。

この大策略によって、特権をもつ者のエゴイズムを打ち砕き、自分たちの財布のひもを緩めようという、堅実な動機をもつ者はいなかった。にもかかわらず、自分たちの意志に反して招集された全国三部会において、自らの圧倒的な影響力を確保しようと手はずを整えるという奇妙な現象が見られた。人民の議会が「高らかに」選出されようとしている。このような選挙においても、下層の人々が、貴族や有力者を目の前にして、盾を突くという強靱さをもっていようとは、また確信をもって指示された者以外の名前を口にしようとは、誰も思っていなかった。

農村や村の人々に選挙を呼びかけたネッケルは、疑いなくこれが極めて政治的な作為であると考えていた。民主主義の精神に目覚めた都市の人々にとっても、貴族や土地の三分の一を所有する聖職者に支配された農民にとっても。こうして数百万人の人々が投票所に足を運んだ。小作農のように特権階級に依存する者、あるいは間接的に官吏、代官、検事などの影響下にあり、彼らの前では気後れする者も投票した。ネッケルは、スイスやいくつかの小郡における経験を通して、いくつかの条件のもとでは、普通選挙は貴族への支持につながることを知っていた。彼が念頭に置いた貴族は、まさにその考えにもとづいて選挙に臨んだ。彼らは有権者を使用人同様に扱おうとした。ネッケルはそれに不同意であったが、選挙は完全に大土地所有者の掌中でおこなわれた。

結果は、予測をことごとく裏切った。あまり心構えができていない人びとは、直感的にきわめて手堅い選択をしたのである。選挙への呼びかけを耳にしたとき、自らの権利について知らされた時、彼らは、自分がいかに多くのことを知らないかということを知った。この五百万ないし六百万人が参加するという、けたはずれの社会運動においては、選挙の手続きについての無知から、とりわけその大部分は書くことができないという理由によって、躊躇する人々もいた。しかし彼らは話すことはできた。彼らは自分の領主の目前で、いつもの敬意を忘れず、謙虚さを保ちながらも、信頼でき、確固とした信念をもった議員を指名すると思われる選挙人の名前を口にすることができたのである。

選挙運動の許可は、特権的身分の議員の間においてさえ、その多くが民主主義を尊重するという意外な結果をもたらした。司教に敵意をいだく二百人以上の司祭たちの場合は、そうではなかった。ブルターニュ、南フランスでは、農民が進んで自分たちの司祭を指名した。司祭だけが字を書くことができたし、司祭が投票用紙を受け取り、選挙全体を運営した。

都市の人々はもう少し心構えができていた。時代の思想の洗礼を受けた彼らは、感嘆に値する熱意と、自らの権利についての鋭い意識を示した。それは選挙における手際よさ、確かさに現れていた。それによって多くの未経験の人々が、政治への第一歩を踏み出したのである。それは、自分たちの不平を書き留めた陳情書が、どれも一様であることにも現れていた。思いもかけない、かつ膨大な陳情内容の一致は、人々の願いに抗しがたい力を与えた。これらの不平は、どれほど長きにわたって、人々の胸の中に抱き続けられていたのであろうか！・・・。それはどれほど書いても、書き尽くされることはない。ある地区では、ほとんど法律のようなものを含む陳情書の作成が、夜中の零時に始まり三時に完成した。

あまりにも壮大で、あまりにも多様で、あまりにも準備不足の運動。にもかかわらず、この全員一致！・・・これは驚嘆すべき出来事である。すべての国民が選挙に参加した（把握できなかった数字はわずかである）。そしてすべての国民が同じことを望んだ。

全員一致！完全なる、留保なしの一致。まったく単純な構図、すなわち一方に国民、他方に特権。それ故、国民の側には、庶民とブルジョアとのあいだに、いかなる区別もなかった。もしあるとすれば、それは教養のあるなしだけであった。教養のある者が発言し、また文章を書いた。しかし、皆の考えを書いたのである。そして共通の要求を表明した。これらの要求は、物言わぬ大衆の要求であった。彼ら自身の要求、そしてそれ以上のものであった。

あぁ！この特別な日、我々の出発点となったこの日に思いを馳せて、感動しない者がいようか？それは長くは続かないであろう。しかし、それは我々にとって、理想として残るのである。我々が、つねに未来の希望として手をさしのべる理想として！・・・。崇高なる一致、そこでは、後になって対立することになる　、ふたつの　階級から生まれた自由たちが、幼児期の兄弟のように優しく抱擁し合う。我々は、あなた［崇高な一致―訳注］が、ふたたびこの地に戻って来るのを見ることができないのであろうか？

この異なる階級の結合、このすばらしい結合が生み出した人民の偉大なる出現は、宮廷を震え上がらせた。宮廷は国王に、国民との約束を破棄することを決意させようと、全精力を傾けた。ポリニャック委員会［ポリニャック夫人が主催する宮廷の会議―訳注］は、国王を二つの不安のなかに貶めるために、王弟たちに不遜きわまりない手紙を書かせ、署名させることを思いついた。その手紙には、国王にたいする脅し、自分たちが特権階級の代表者たちに会いに行くこと、納税の拒否、ほとんど内乱状態にある国内の分裂などについて書かれてあった。

しかしながら、国王はどのようにして全国三部会を回避したのか？上納金裁判所[*3]が提示し、高等法院および貴族が要請し、ブリエンヌおよびネッケルが約束した全国三部会は、四月二七日に始まるはずであった。それが五月四日に延期された・・・。この遅延は危険である！わき上がった多くの声に、もう一つの声が加わった。あぁ！それは十八世紀にしばしば聞かれた声、土地からの声・・・。荒廃した不毛の土地、人間の生存を拒む土地。冬は過酷なほど寒く、夏は干上がり何も育たず、飢饉が始まる。パン屋は、扇動された飢えた群衆がいつ店の前に押し寄せてくるか、常に怯えていた。パン屋自身も、小麦粉を買い占めている商人を告発した。ただ一つのことが、人々に、辛抱強く空腹に耐えさせ、ひたすら待つ気にさせているのだ。全国三部会という希望である。漠然とした希望ではある。しかし元気づけられる。来るべき議会は救世主である。議会が取り上げれば十分なのだ。そうすれば、石がパンに化けるのである。

大幅に遅れた選挙は、パリではさらに遅れた。選挙のための招集は、全国三部会が開催される前日になってやっとおこなわれたのである。議員が開会の日に出席しないことを望んだ者もいる。議員が到着する前に、三つの身分を引き離し、特権的身分に多数を与えることを確実にするためである。

パリにとっては、もう一つの不満の種がある。それはもっと深刻であった。王国でもっとも啓蒙のすすんだこの都市では、選挙において他より厳しい条件を課せられたのである。第一回投票に招集されたのは、全納税者ではなく、六リーブルの税金を納めた者のみであった。

パリは軍隊で埋め尽くされた。通りには警ら隊が配置され、すべての投票場を兵士が取り囲んだ。通りでは実弾を装填された武器が、群衆に向けられた。

この無意味な示威行動を前にして、選挙人は断固たる決意を示した。集合するとすぐさま、国王が派遣した議長を解任した。六十地区のうち、国王が指名した議長を再任したのは、わずか三地区のみであった。この三地区も、再任した議長に、選ばれた者として議長の責を果たすよう宣誓させた。このことのもつ意味の重さは、これが国民主権としての最初の行為であるということである。そして実際、何を勝ち取るのかと言えば、それは国民主権であり、打ち立てるべきものは権利であった。国家の財政や改革は、後回しである。

地区の集会によって選ばれた選挙人は、寸分違わず行動した。彼らは議長に弁護士のタルジェ、副議長に聖職者の弁護士カミュ、書記にアカデミー会員のバイイと篤志の医師ギヨタン博士を選出した。

宮廷はこの決定に驚き、その毅然とした態度に狼狽し、こうしてまったく新しい二万五千人もの選挙人が次々と、政治の世界に足を踏み入れたことに驚愕した。無秩序なことは、一切起こらなかった。教会でおこなわれた集会では、人々は選挙人たちが果たした重要かつ崇高な行為に感動した。もっとも大胆な措置である、国王が指名した議長の解任は、静寂のなか抗議の声もなく、権利の意識から生まれる揺るぎない率直さをともなっておこなわれたのである。

大司教区の館に集まった選挙人たちは、各地区の陳情書を一つにまとめ、共同の陳情書を作成する作業にとりかかった。すでに一つのことについては合意ができていた。これはシイエスが助言したのであるが、冒頭に人間の権利についての宣言を置くことによって、陳情書の効果を高めようというのである。この綿密で骨の折れる、抽象的な作業は、凄まじい物音で中断した。ぼろをまとった一団が押し入ってきたのである。彼らは、仲間の一人である選挙人の首を要求した。その選挙人とは、サンタントワーヌ街で壁紙業を営むレヴェイヨンである。レヴェイヨンは身を隠したが、騒擾は収まるどころではなかった。すでに四月二十八日である。二十七日に約束され、五月四日に延びた全国三部会の開催は、もしこの騒擾が収まらない場合は、あらためて延期される恐れも十分にあり得るのである。

騒擾は、正確には二十七日に始まった。飢えた住民の間で、とどまることなく拡大していくことは、目に見えていた。この日、労働者から身を起こした裕福な壁紙業者レヴェイヨンが、一日の労賃を十五ソルに下げるべきだと冷たく言ったという噂がサンタントワーヌ街に広まった。そのときレヴェイヨンは、黒勲章を身につけていたはずだという話も付け加わった。この噂によって、騒ぎが一層大きくなった。まずレヴェイヨンの門前に集まった一団が、勲章を着けたレヴェイヨンの人形を掲げ、グレーブ広場まで行進した。そして市庁舎の窓の下で、仰々しく人形を燃やした。しかし市の幹部はそれに心を動かす様子でもなかった。この幹部と他の数人は、寝起きのような、眠そうな目をしていた。先ほどまで兵士の選挙に立ち会っていた、警察中尉、パリ市長のフレッセル[*4]、知事のベルティエの三人は、皆、宮廷から派遣された者であるが、やる気がない表情をしていた。

一団は、明日レヴェイヨン邸で裁判をおこなうと大声で叫んだ。そしてその通りに実行した。状況を良く把握しているはずの警察は、なんの手も打たなかった。自分の判断で三十名というわずかな兵を差し向けたのは、フランス衛兵の大佐であった。千人あるいは二千人の略奪者と十万人の野次馬が詰めかけるなかで、兵士は何もしようとはしなかったし、またできなかった。家はこじ開けられ、すべてが破壊され、そして燃やされた。持ち去られたのは、五百枚のルイ金貨だけであった。多くの者は地下の酒蔵に陣取ってワインを飲んだ。なかには工場から染色液をもちだしてワイン代わりに飲む者もいた。

信じられないことだが、この醜い光景は丸一日続いた。街の入口においても、街に向けられたバスティーユの砲身の下においても、要塞の門前においてもこの光景が見られたことは注目に値する。要塞の上に隠れていたレヴェイヨンは、そこから一部始終を見ていた。ときたまフランス衛兵が送られ、最初は空砲を、次に実弾を撃った。略奪者は石を投げるしかなかったが、そんなことは気にしなかった。かなり時間が経って、司令官のブザンヴァルがスイス兵を投入した。略奪者はなおも抵抗し、何人かを殺した。兵士は情け容赦もない一斉射撃でこれに応じた。敷石の上には、おびただしい数の負傷者や死者が放置された。このぼろをまとった死者の多くが、そのポケットに硬貨を所持していた。

この長かった二日の間に、もし役人が惰眠をむさぼり、ブザンヴァルが兵を投入するのを控え、サンタントワーヌ街が、レヴェイヨンの家を破壊する略奪者のなすがままに放置されていたら、もし仕事もパンもない五万人の労働者が金持ちの家から略奪を始めていたならば、事態はまったく違ったものになったであろう。宮廷にとっては、軍隊をパリとヴェルサイユに集中するこの上もない理由づけと、全国三部会を延期するもっともらしい口実を手にしたことになる。しかし街の住人の大部分は、冷静に成り行きをじっと見守っていた。結局、騒擾は数百人の酔っぱらいと盗人に減少し、それを許した当局にとって恥ずべき事態になった。ブザンヴァルはといえば、自分がいかに愚かな役を演じたかを、ようやく思い知ったのだった。唐突に行動を起こした彼は、唐突に退場した。宮廷はブザンヴァルの軽挙を苦々しく思った。あえて非難はしなかったが、完全に無視した。

高等法院は、自分の名誉のためにも捜査の開始を避けることはできない。捜査は高等法院の手にある。十分な証拠がないなか、国王の名において、高等法院に捜査を止めさせなければならないと言う者もいた。

扇動したのは誰か？おそらく誰でもないであろう。火事は、雷雨の時に自然に起きたのかもしれない。「革命党」を非難する者もいないともいえない。革命党とはいったい何か？そのような団体はまだどこにも存在しない。

オルレアン侯爵が金を出したのだと言い出す者もいる。何のために？何の得になるのか？大きな騒動になれば、この時期、暴動に訴えてでも自分の野望を実現しようと考えているオルレアン侯に、合法的な機会を与えることになる。オルレアン侯はたしかに、何事も辞さない陰謀家に操られている。しかしこの時の彼の構想は、全面的に全国三部会に向けられていた。そして王弟たちの人気を独占し、公爵がいずれは最も重用な役割を果たすであろうと彼らは確信しているのである。全国三部会を延期させることになる出来事は、すべて不運につながると彼らは思っている。

誰が全国三部会の延期を望んでいるのか？誰が選挙人を恐怖に陥れようと考えているのか？誰が騒擾で得をするのか？

宮廷以外の何者でもないことを認めなければならない。事件は、宮廷にとって絶好の機会であった。宮廷が事件の張本人であることは十分あり得ることだ。騒擾を引き起こしたのが宮廷であるということはいえないだろうが、しかし宮廷は騒擾を満足げに見ていたし、それを防ぐ手だては何一つしなかった。そして終息したのを残念がったのである。サンタントワーヌ街については、ひどい評判は立たなかった。バスティーユの大砲の真下でおこった騒擾であっても、危険とは思われなかったのである。

ブルターニュの貴族たちのなかには、農民たちを動揺させ、あるいは使用人を紛れ込ませた下層民を人民に差し向けるなどして、地方全国三部会の法の執行を妨げる者もいた。パリにおいてさえ、「国王の友」という新聞は、レヴェイヨン事件の数日前に、「有権者といっても、どれほどのものであろうか？貧乏人はいつまでたっても貧乏人なのだ。王国の中で、この選挙によって最も利害が左右される部分の運命は忘れ去られたのだ」と欺瞞的に書いている。あたかも選挙がもたらす革命の最初の成果が、十分の一税、入市税そして間接税の廃止に手を付けることであったかのようである。王国の領土の半分が安値で売り出されたが、それによって、誰一人として味わったことがなかったような貧困の中にある者の境遇の改善を、最優先することはなかった！

四月二十九日の朝は、静寂そのものであった。選挙人集会はこの静寂の中で、彼らの作業を再開することができた。それは五月二十日まで続く。宮廷は招集を遅らせ、全国三部会の初日の審議にパリの議員団が参加できないようにするつもりでいた。パリで、そしてフランスで最後に選出された議員たち。それは革命に真っ直ぐな一本の道を引いた者たちであり、その最初の一歩を刻んだ者たちであり、一歩一歩と歩みを進めてきた者たちである。すべてはシイエスがつくった計画にそって、法の如く威厳をもって、穏やかに、揺るぎなく進行した。

法のみが統治するのである。独断と気まぐれによって支配された幾世紀が終わり、何人も理性 raison に反する理屈 raison を捨て去る時代が到来したのだ。

こうして、懸念された全国三部会が招集され、開催されようとしている！全国三部会を招集し、今になってそのことに触れてほしくないと願う連中は、手をこまねいて眺めるだけであった。それはまさに下から押し上げられた大海である。この不変で深遠な命題は、幾世紀ものあいだ、海底でうなり声をあげながらうごめいていたのだ。この命題の前に、世界中の軍隊と子どもの指とを対置させてみるとよい。どちらも同等に見えるではないか・・・。神はこの命題、遅すぎた正義、過去の償い、未来への救済の後押しをしたのである。

訳注

＊1　二十五歳以上の納税者は、議員を指名する選挙人を選出し、陳情書の作成に参加するよう求めら

れた。少なくとも人頭税という形で、国民すべてに課税されていたため、招集は使用人を除くすべての国民に及んだ。

＊2 スイスの銀行家。フランス革命直前の財務長官。一度解任されるが、全国三部会の開催を条件に、再び財務長官に就任。第三身分であることから、庶民には任期があった。二度目の解任は、パリ民衆のバスティーユ奪取の契機の一つとなった。スタール夫人の父親。

＊3 間接税に関する紛争を裁いた。

＊4 旧体制の市長（ブルジョア代表）

第二章　三部会の開催

全国三部会の行進。五月五日の開催。ネッケルの演説。身分別の問題。第三身分による合同の誘い。議会の活動停止。仕掛けられた罠。

三部会の開催の前日、ヴェルサイユで聖霊ミサが盛大におこなわれたということである。未来を予言する賛歌が歌われるとしたら、まさにこの日である。すなわち、「汝、人民をつくり、地表は一新するであろう」。

この偉大な日である五月四日。千二百名の議員、国王、王妃、宮廷人の全てが、ノートルダム教会において「来たれ、創造主よ」を聞いた。そのあと大行列を仕立ててヴェルサイユの全市内を行進し、サン・ルイ教会へと向かった。ヴェルサイユの大通りにはフランスの衛兵とスイスの衛兵が配置され、王冠のついた壁掛けを広げ、群衆を規制しようとしたが無駄であった。

パリの全てがここに来た。窓はもちろん、屋根の上にも人がいた。バルコニーは高価な織物で飾られ、当時流行した花と羽根が混じった、粋な衣装を纏った女たちで彩られた。ここにいる人はみな感動と期待、そして不安が混じった希望で胸を膨らませた。

偉大な事業が始まった。どのように進行し、どのような結果になり、どのような成果が得られるのか?誰がそれを断言できるのか?・・・。これほど多様で厳かな光景。ときおり聞こえる音楽。他のいかなる考えも入り込む余地がなかった。

麗しい日、平和である最後の日、壮大な未来が最初の一歩を踏み出す日なのだ!・・・

人々の感情はおそらく激しく、一様ではなく、互いに対立するものがあったに違いない。その対立は、やがてとげとげしくなっていくのであるが、今はまだ、そうではなかった。この新しい時代の到来を最も望んでいなかった者たちさえ、同じ感情を共有せずにはいられなかったのである。貴族身分の議員の一人は、この喜びに涙したと告白している。「このフランス、私の祖国。私はそれを見たのだ。フランスが、宗教を拠り所にして、我々に次のように言ったのだ。あなたたちの争いを終わりにしなさい!・・・。涙が私の目からこぼれ落ちた。私の神も、私の祖国も、私の同胞も、すべて私とひとつになったのだ」。

まず隊列の先頭を、知的で毅然とした黒い服の大集団が行進した。五百五十名の「第三身分」の議員である。三百名を超える法学者、弁護士あるいは司法官がこの中に含まれており、彼らは法の即位を力強く体現していた。この質素な服装の集団の足取りと眼差しに、確固たる決意を見ることができる。まだ党派の区別はなく、彼らが成し遂げたこの日、彼らの勝利となったこの偉大な日を、皆、喜びに感じていた。

そのあとに、羽根飾りの帽子、レースと金の袖飾りを身につけた、「貴族」の議員の華やかな一行が続いた。それまで第三身分を迎えた拍手が突然止んだ。しかしこの貴族の隊列には、第三身分の議員と同じくらいに、人民の熱い友人であると思われる議員が、四十名ほど含まれているのだ。

同じ沈黙が、「聖職者」に対しても続いた。人々は、この身分が二つの身分によって構成されていることを知っている。貴族と第三身分。白い祭服の上に紫のガウンを羽織った三十名ほどの高位聖職者。合唱隊をはさんでその後に続く、司祭の黒い服を着た二百名の質素な集団の存在である。

この偉大な熱情に突き動かされた千二百名という大集団を前にして、ひとつのことが注意深い観察者の心を捉えるかもしれない。それは議員たちからは、個性の強さというものが少しも感じられないということである。その多くはおそらく尊敬され、その才能を認められているのであろうが、彼らの誰一人として、備わった天分と気質がうみだす威厳によって、民衆を引っ張っていく力量をもつ者はいなかった。つまり偉大な開拓者も、英雄もいないのである。

この世紀に道を拓く強力な革新者たちは、この時代にはもはや存在していなかった。しかし国民を導く思想は残っていた。大雄弁家がいく人か現れ、その思想を解き明かし適用したが、それに何かを付け加えることはしなかった。この最初の時期の「革命」の栄光は、しかしながらその危機でもある。人間がいっさい登場せず、偶像も偽りの神もなしに、思想のほとばしりによって、純粋理性の信仰に基づいて、独力で足を踏み出す革命は、その歩みを不確かなものにする恐れがある。

わが国の軍事的栄光の受託者、擁護者として現れた貴族の隊列のなかにも、名の知れた将軍は誰一人として見いだすことはできない。「フランスの大領主は皆、名門であるが無名である」。ただひとり関心をひく人物は、おそらく宮廷貴族の身でありながらアメリカ独立戦争へ真っ先に参加した、金髪の青年ラファイエットであろう。後に彼の運命を決定づける、あの並はずれた役割を予感する者は一人としていなかった。

第三身分、この無名の固まりは、すでに「国民公会」[*1]を捉えていた。しかしながら、誰がそれを確認できただろうか？この弁護士の集団の中から、誰が不格好な体つきと青ざめた顔をしたアラスの弁護士［ロベスピエール―訳注］を見分けることができるというのか？

二つのことが注意を引く。シイエスの不在であり、ミラボーの存在である。

シイエスはまだ到着していなかった。この大運動の中にいて、その並外れた聡明さによって大運動を観察し、定式化し、計算した人物を、人びとは探した。

ミラボーは隊列の中にいた。そして皆の注目を集めた。その嵩張った髪と、凄みのある醜さが際立った獅子頭に、ほとんどの人が度肝を抜かれ、たじろいだ。とはいえそこから目を離すこともできなかった。それは真に男であった。他はその影にすぎなかった。不運にも、その生きた時代、階級に属する男であった。その時代の上流社会がそうであったように、淫蕩に明け暮れ、スキャンダルをまき散らし、不品行の中で騒々しく、大胆不敵に生きた男であった。こうして、この男は身を滅ぼした。社交界はミラボーの色事、恋の虜、恋にかける情熱といった話でもちきりであった。ミラボーは幾度となく恋をした。それも強烈な恋を・・・。事実、熱情と激しさと憤怒の男であった。・・・これほどの男が、他にいるだろうか？そして何かにのめり込む、このやっかいな感情に抗しきれず、ミラボーはたびたびどん底に落ちた・・・。家族の冷たい仕打ちによる貧困のなかで惨めさを味わい、貧乏人の悪行も、金持ちの不行状もやってきた。家族による抑圧に加え、国家による抑圧、道徳による内心の抑圧、そして情熱からの抑圧・・・。あぁ！これ以上の熱情をもって、この自由の到来を賛美する者は、他にいなかったであろう。ミラボーはそこに自由を、魂の再生を見いだすことを諦めることはなかったと、友人に語っている。ミラボーは、その汚れたマントを脱ぎ捨て、フランスとともに青年となって蘇るだろう・・・ともかく、彼はまだまだ生きなければならないのだ。この新しい人生の戸口から、逞しく、激しく、情熱的に踏み出した。しかしその引きつった表情と、げっそりとした頬は、ミラボーが深く傷ついていることを語っていた・・・。そんなことはどうでもよい！ミラボーは、その巨大な頭を上に向けて歩く。その眼光は、不敵さに満ちている。人々は皆、この男のなかに、フランスに満ちる偉大な声を感じ取っていた。

第三身分には、おおかた拍手が起こった。その次に登場した貴族の隊列では、ひとりオルレアン公爵だけが拍手を浴びた。最後に国王にも拍手が起こった。三部会を招集したことへのお礼というわけである。人民の判定はこのようなものであった。

王妃が通りかかると、わずかにざわめきが起こった。何人かの女が叫んだ。「オルレアン公万歳！」。彼女たちは、敵の名を口にすることで、いっそう王妃が傷つくと思ったのである・・・。これは王妃に、きつい打撃を与えた。王妃は気を失いそうになり、誰かにかかえられた。しかしすぐさま立ち直り、高慢な、にもかかわらず美しい顔を上げた。それからの王妃は、蔑みのまなざしをもって、決然と民衆の憎しみに立ち向かった・・・。いくら努力しても心が満ち足りていなければ、美を磨くことはできない。王女の取り澄ました姿を描いた絵が残っている。それは王女のお抱え画家であるルブラン夫人が一七八八年に描いたものである。夫人は王妃に好意を持っている人なので、王妃の愛情そのものを描いたはずであるが、そこにはすでによそよそしく、人を見下したような、冷ややかなものが感じられる。

こうしてこの平和と融合の美しい祭典は、争いも垣間見せた。人々はいつかフランスがひとつとなり、同じ思想のなかで抱擁しあう日がくることを示したが、同時にフランスを分かつことも示したのである。議員たちが身につけた、この一様でない衣装を見るだけで、人々はシイエスの次の痛烈な言葉が、今まさにここに現出しているのだと感じた。「三つの身分？いや三つの国民だ」。

宮廷は、古文書を探し出して、忌まわしいゴチックの儀典の細目、階級の対立、身分の差別を示す標章、社会的憎悪などを調べさせた。これらはむしろどこかにしまい込むべきものである。ヴォルテールの後に、あるいは「フィガロの結婚」！が上演された後に、紋章、表象、象徴などを持ち出すのは、今や時代遅れなのだ。実を言うと、宮廷を動かしているのは骨董趣味というわけでもないのである。それは、選挙によって王［議員―訳注］たちを作り出してきた庶民に屈辱を与え、彼らの卑しい素性を思い起こさせるという密かな気晴らしなのである・・・。弱者というものは、最後には強者を侮辱するという危険な気晴らしをするものである。

議員たちは、サン・テスプリ教会のミサ（五月三日）の前日からヴェルサイユに姿を表した。誠意を示し、感動を与えるはずのこの機会に、国王は議員たちの表情をこわばらせた。議員のほとんどは、国王に好意を抱きながらやってきた。ところが、地方ごとに迎えるのではなく、身分別に入室させたのである。まず聖職者、つぎに貴族、そして休憩をはさんで第三身分という具合である。

このちょっとした非礼は、廷臣や使用人がやったことだろうという人もいるだろう。しかしルイ十六世は、充分すぎるほど古いしきたりに執着した。五日の会議には、国王は着帽のままで臨んだ。貴族もそれに従った。第三身分も着帽のままでいようとした。しかし国王は、貴族との平等を嫌って脱帽することにしたのである。

第三身分を跪かせたまま、長々と挨拶させるという不条理なしきたりにこだわる宮廷は、代表の挨拶を免除することにした。二百年間にわたる断絶と沈黙を経て、ようやく自分の人民に接したというのに、国王は語ることを人民に禁じたのである。

五月五日、三部会は国王のいる宮殿ではなく、パリ大通りにあるムニュ館の一室で開催された。この部屋は、残念にも今は残存しないが、広大な大広間で、千二百名の議員、約四千名の聴衆を収容できた。

議場は三つの演説、国王、国璽尚書、それにネッケルの演説に、我慢づよく耳を傾けた。国王はふたたび国民と対面したが、国父らしい話も、心のこもった言葉もひとつとしてなかった。演説は、改革の精神にたいする叱責から始まった。それは二つの特権身分が「自らの金銭的特権を放棄する態度を示す」ことを求めるものであった。権利の問題については、わずかに触れるか、あるいはまったく触れないかであった。それはあらゆる精神を満たし高める権利、すなわち平等であるべき権利のことである。

一日も早く、特権の放棄が果たされますように！国王と大臣たちにとっては、それだけが問題だったのである。第三身分を案山子のように招集した彼らは、今度は当然のごとく追い出しにかかるであろう。特権の放棄についてはまだ部分的で、あいまいな保証しか手にしていない。数人の領主が特権の放棄を申し出たが、他の領主は彼等を嘲笑した。この二身分は、その点についての釈明を急がない。すなわち決定的な言葉を彼らが口にすることはありえず、まだ喉元にある。六月二十六日、やっと聖職者が屈服して特権を断念し、貴族も放棄の約束をするに至るまで、最も深刻で、最も厳しい状況のふた月が、あえて言うなら、第三身分の勝利が必要だったのである。

ネッケルは、二つの特権身分のみが残り、自由な立場で自らの犠牲を完了し、その後で第三身分と合同し、共通の利害という問題について議論するという願望を語った。これは危険なほのめかしだ！ひとたび大領主の豊かなふところから自由に税金を汲み上げることができるようになれば、諸身分の合同へのこだわりなど無くなるのではないか。そうなれば、特権身分は見せかけの多数派であり続けることができる。すなわちこの二つの身分が結束して一つの身分に対抗し、改革を妨げることができるのである。宮廷にとっては、そんなことはどうでも良いことだ。破産が回避され、食糧不足が収まり、世論が再び眠りこければ、権利とか安全とかいった問題は先延ばしにされ、不平等と専制が強化され、ネッケルが引き続き政権を担当するか、あるいは危機を脱した宮廷が、この感傷的な銀行家をジュネーブに送り返すことになるのである。

五月六日、第三身分の議員たちは、大広間を占拠した。ドアに詰めかけていた群衆が、待ちきれなくなって後を追いかけてくる。貴族も聖職者もそれぞれに、自分たちの会議室に落ち着いた。そして時を置かずに、議員としての資格について、各身分の会議において、審査すべきことが決まった。貴族身分では圧倒的多数意見となったが、聖職者身分では、かろうじて過半数を獲得した。司祭の大部分は、第三身分と合流することを望んだ。

多数の議員数を誇り、大広間の主人となった第三身分は、他の二身分が合流してくるのを待つと宣言した。この広い議場の空席は、他の二身分の欠席を告発しているように見えた。まさに議場そのものが発言しているのである。

諸身分の合同の問題は、他のあらゆる問題を含んでいた。議員数がすでに他の身分の二倍である第三身分は、貴族のおよそ五十名と、司祭の百名近くを獲得するはずである。そうすれば、圧倒的多数によって他の二身分を支配し、全てにおいて第三身分が審判者となるのである。特権は、それに反対する者によって判定される。特権が停止されるのを予測することは容易であろう。

それゆえ第三身分は、聖職者と貴族を待った。自らの力を信じて、辛抱強く待ち続けた。特権身分は動揺した。遅まきながら、最大の特権者、彼らの出身の中心にいる国王の方に顔を向けた。こうしてひと月以上にわたって待機が続く中、似た者同士が、それぞれのグループを形成していった。ひとつは特権身分と国王、もうひとつは議会と人民である。

議会は大きく戸口を開き、人民とともに過ごし、人民とともに語った。まだ何の障壁もなかった。パリが議員とごっちゃになって、ヴェルサイユにいるのである。あらゆる経路を通じて、情報の伝達が絶えずおこなわれた。パリの選挙人集会も、民衆がパレ・ロワイヤルで不定期に騒然と開催する集会も、絶えず議員に新しい情報を求めた。人々は議員に、ヴェルサイユで起こっているあらゆることについて貪るように質問した。宮廷が次第に苛ついてきて、軍隊で包囲するのを見て、第三身分は自分たちを防衛するのは自分たちに耳を傾ける民衆、そして王国の隅々までそれを伝える新聞のみであると悟った。

三部会が開催されたその日、宮廷は新聞を弾圧しようと試みた。参事会は、ミラボーが発行する新聞「全国三部会」を発行禁止にする決定をした。また定期刊行物を許可なく発行することも禁じた。こうしてこの数ヶ月中断したかのようにおとなしかった検閲が、結集した国民と対峙するように復活した。議員と議員を選んだ人々の間の情報の伝達が必要不可欠である時に、である。ミラボーは意に介することなく、「我が選挙民への手紙」という表題で発行を続けた。まだ陳情書を作成中であったパリの選挙人集会は作業を中止し、参事会の決定に対し全会一致で抗議した（五月七日）。全国的な問題にパリが介入したのは、これが最初である。出版の自由という重大な問題が、一挙に圧殺されたのである。宮廷は直ちに大砲や武器を集結させるかもしれない。しかしこれから、より強力な大砲、出版という大砲が人民の耳に轟き、王国全体に響き渡るであろう。

五月七日、第三身分は、マルーエとムーニエの提案によって、聖職者身分と貴族身分に対し、自分たちの議場に来るよう働きかけるために、何人かの議員を派遣することにした。貴族身分はこれを無視して、自分たちで議会を構成した。聖職者身分はさらに分裂を深め、ますます不安に駆られ、成り行きを見守ることにした。それに高位聖職者は、時間をかければ司祭たちを味方にすることができると信じていた。

六日間が無駄に過ぎた。五月十二日、ニームのプロテスタントの議員であり、セヴェンヌの老殉教者の息子である、ラボー・ドゥ・サン・テチエンヌが、会議の再開を促すよう協議することを提案した。それに対してブルトンクラブのシャプリエが、次のような代案を提起した。「他の身分の欠席を目にして、第三身分が驚いていること、協議は合同の会議以外においては不可能であること、全議員の資格審査については、全ての議員が利害と権利を有すると通告するのだ。三部会が開催されたのであるから、もはや身分別や地方別の議員ではなく、国民の代表がいるだけである。特権をもつ議員が勝利を収めれば、彼らの職権も拡大するのだ」。

ラボーの意見が最も穏健な考えだとして勝ちを占めた。協議が始まったが、事態は紛糾するばかりであった。五月二十七日ミラボーは、前に披露した意見を再び持ち出した。聖職者を貴族から引き離すことを試み、平和の神の名において聖職者をここに招待しようというのである。この意見は極めて政治的である。多数の司祭は、合同の会議が開催されるのを今か今かと待ち続けていた。新たな勧誘は、聖職者身分の全体を巻き込むところであった。高位聖職者は、かろうじて猶予を手にした。その夜、彼らは宮廷へ、ポリニャック委員会へ駆け込んだ。そして王妃を通じて国王からの一通の手紙を手に入れた。そこには「協議は、国璽尚書と王室委員会の出席の下に再開されることを望む」と書かれてあった。国王はこうして聖職者と第三身分の合同を阻止し、特権身分の代理人であることを公然と示したのである。国王にふさわしくないこの手紙には、罠が仕掛けられている。もし第三身分が受け入れたならば、国王は協議の裁定者となり、参事会の決定によって問題点を押さえ込むこともできるし、諸身分は分断されたままになる。もし第三身分のみが拒否し、他の身分が受け入れたならば、三部会全体の活動停止という事態の耐え難い責任を、第三身分がひとりで負うことになる。この悲惨な飢饉の時に、第三身分だけが国民を救済するための一歩を踏み出そうとはしなかったと。ミラボーはこれが罠であることを示しながら、議会が騙されたように見せかけ、上奏文によって抗議しながらも、協議を受け入れてはどうかと提案した。

また新たな罠をかけられた。この協議の中で、ネッケルは感情に、寛大さにそして信頼に訴えた。ネッケルは、各身分が自らの議員としての資格審査を、他の身分に委ねることを提案したのである。意見の相違がある場合には、国王が裁定を下すことになる。聖職者は、迷うことなく受け入れた。もし貴族が受け入れれば、第三身分のみが取り残されることになる。だれがこの危険から第三身分を救い出すというのか？第三身分を救ったのは、血迷って自ら墓穴を掘ってしまった貴族自身であった。ポリニャック委員会は、自分の政敵［ネッケル―訳注］が提案した、一時しのぎの提案には耳を貸さなかった。貴族身分は、国王の手紙を読む前に、妥協の道をすべて塞いで、身分ごとの討議、そして他の身分の決定に対する拒否権が、君主制の構成原理であると決議していたのである。ネッケルは、多数の穏健派貴族に働きかけを試みた。綬爵貴族である二人の異才、しかし粗暴な性格と思慮に欠けた頭脳の持ち主であるカザレスとデプレメニルが問題をもつれさせ、ついにはこの最後の救済手段をはぐらかしてしまった。つまり国王が遭難中の彼らにさしのべた救助板を押しやったのだ（六月六日）。

またひと月延びた。招集がかかって三度の遅延の後のひと月！・・・。このひと月、飢えの最中のひと月！この人々の期待が高まるなか、富裕身分は何もしないで、全てにかかる出費を引き延ばしていたことに注目しよう。仕事はとっくに中断しているのに、である。自分の腕と日雇い仕事でしか、その日の食い扶持を稼ぐことができない者は、仕事を探しに行き、見つからないときは乞食をし、貰いがないときには盗みをするしかないのだ・・・。いくつもの飢えた一団が国内を荒らし回った。これらの集団は、抵抗されると怒り狂って人を殺し、放火をした・・・。恐怖が遠くまで拡大し、通信が途絶え、食料の欠乏はより深刻さを増した。荒唐無稽な話が流布した。盗賊は、宮廷が金で雇ったというのである。宮廷はというと、その非難の矛先がオルレアン公に向かうように策動した。

議会は困難な立場におかれた。期待できる救済処置が議会の手にある時に、議会はなにもせずに議席を温めていなければなければならない。フランスの苦痛に満ちた叫び声に、議会は耳を塞がなければならない。それはフランス自体を救うためであり、フランスに自由を根付かせるためであるのだ！・・・。

聖職者はこの厳しい状況をさらに悪化させた。第三身分に対して、極めて偽善的な芝居を思いついたのである。一人の高位聖職者が議会に来て、貧民、田舎の悲惨さについて、涙して語った。議場にいる四百人を前にし、目を背けたくなるような黒パンの一切れをポケットから取り出して、こう言った。「これが百姓のパンです」。聖職者は、行動しよう、食糧の問題について、貧民の悲惨さについて協議するための委員会をつくろうではないかと提案したのである。危険な罠だ。議会は譲歩して行動を起こすのか。それは諸身分の分断を認めることになる。

あるいは反対して民衆の不幸に無感覚でいることを表明するのか。至る所で始まった騒動の責任は、そのまま議会の責任となる。普段よく発言する者が、このやっかいな問題については口をつぐんでいる。しかし無名の議員であるポピュルスとロベスピエールが、鋭く才智に富んだ弁論をもって、皆の気持ちを代弁した。合同の議場に来て、民衆の痛みについて議論するよう、聖職者に誘ったのである。議会も聖職者に劣らず心を痛めているのだからと。

　この回答によって、危機が緩和されたわけではなかった。宮廷、貴族、聖職者にとって、人民を操ることなど、いとも容易なことである。フランスを救うと約束したにもかかわらず、フランスが窮乏の中で死んでいくのを見殺し、不当な権利を主張し、一切の妥協をしない、高慢で野心満々の弁護士たちが牛耳る議会！なんとも悪意に満ちた台詞ではないか。

　宮廷は、早速この武器を手にした。そして議会をつぶすことができると信じた。国王は、食糧の件で自分たちの慈悲深い提案を携えてきた聖職者の代表に、次のように語った。「三部会に委員会を設置することについては、喜んで検討しよう。その意見は朕を助けることになるのだから」。

　聖職者は人民のことを気にかけている。国王も然り。貴族がおなじ台詞を吐くことに、どんなためらいがあろうか。そして第三身分だけが、孤立することになる。皆が人民の幸せを望んでいるのに、第三身分だけがそれを望んでいないということが確認されたことになるのだ。

＊1 国民議会を後継する、革命フランスの立法府（一七九二年九月二十日から一七九五年十月二十六日）。

第三章　国民議会

六月十日、第三身分の最後の通告。六月十七日、第三身分は「国民議会」という正式名称をもつ。そして課税の権利を手にする。国王が議場を閉鎖させる。一七八九年六月二十日の球戯場（ジュー・ド・ポーム）における議会。

六月十日、シイエスは議場に入りながら次のように言った。「錨綱を断ち切ろう。その時が来た」。その日から革命の大船が、嵐であろうと穏やかな時であろうと、遅れがちに、しかし決して止まることなく、未来に向かって突き進む。

この偉大な理論家は、前もって極めて正確に計算尽くしていた。その上で、実際に三部会の議員として登場したのである。彼はやるべきことを述べ、そして時機を捉えてそれを実行した。

何ごとにも時機というものがある。今日六月十日、それは早すぎるでもなく、遅すぎるでもない時である。早すぎると、国民は特権身分の冷酷さを十分に見抜くことはできない。彼らの不誠意のすべてが明るみに出るまでには、ひと月は必要である。遅すぎると、二つのことが懸念される。ひとつは、悲惨の極限まで追いつめられた人民が、ひと切れのパンと引き替えに自由を諦めないか、もうひとつは、特権身分が税の免除を放棄することで幕を下ろすことをしないだろうか、あるいは貴族が聖職者と結託し、(誰かが彼らに吹き込んだように)上位の議会を形成しないかということである。このような議会は、今日では王政にとって都合の良い装置である以外なんの役割もないが、一七八九年にはそれ自身でひとつの権力になったであろう。

六月十日の水曜日、シイエスは、聖職者と貴族に最後の通告をし、一時間以内に、点呼に応じない者に対しては、欠席が宣告されると警告することを提案した。法的な形式をとったこの通告は、まさに不意の一撃であった。第三身分の議員は、平等であることに異議を唱えた者たちに対して上位に、いわば裁判官の立場に立ったのである。

議員たちの後ろには、人民が丸ごと背後に控えているので、彼らは何の恐れもない。しかし、人民は軍人ではなかった。それは後に軍人になるのであるが。軍隊がヴェルサイユの周囲に配置されている。そして議場の前には砲列が・・・。国民の考えを定式化した卓越した理論家、そしてその定式を受け入れた議会の称賛すべきところは、軍隊には目もくれないで、論理を信じ、その信念に基づいて前進したことである。

宮廷はまったくの優柔不断に陥り、何に手をつけたらいいかわからず、尊大な態度を装い沈黙するのみであった。国王は二度にわたって、第三階級の議長との面会を回避した。しかし国王が毎日、高位聖職者、貴族、高等法院の連中の訪問を受けたことは周知の事実である。不安を覚えた彼らは、国王に泣きついてきたのである。宮廷は彼らの話を聞きながら、彼らの不安を値踏みし、そこにつけ込もうと考えた。

司祭たちは、自分が人民だということを意識し、人民の側の本来の自分の席に座ることを望んだ。だが、教会に根づく従属の慣習、高位聖職者の策謀や権威、脅しの言葉などが、他方で宮廷や王妃の働きかけが、司祭たちを躊躇させた。まず三名の司祭が、意を決して席を移した。それに七人が続き、最終的には十八名となったのである。第三身分が為したこの見事な獲得に対して、宮廷は大いなる嘲笑を浴びせた。

議会は消滅するか、あるいは前進して第二歩を踏み出すかだ。特権と対峙する権利、議会に凝縮した国民の権利について・・・。そのことを理解するだけでは不十分である。理解させ、公布し、そして議会に真の称号を与えなければならない。「国民議会」という称号を。

この注目すべき称号は、シイエスが、だれもが暗記している彼のパンフレットの中ですでに述べており、忘れ去られることはない。「第三身分だけで、三部会を構成することはできないだって?・・・。よろしい!それなら、なおさら結構だ。国民議会をつくるだけだ」。

この称号を手にし、国民を名乗り、シイエスが打ち立てた革命的教義である、「第三身分、それは全てだ」を現実化すること。まずそれに向けて踏み出すこと、それはあまりにも大胆な一歩である。そのためには精神を培い、この目的に向かって少しずつ段階を踏んで前進するしかない。まず国民議会という言葉は、議会においてさえ口にする者はほとんどいない。しかしパリでは、シイエスを選出し、彼の言葉を使うのに抵抗がない選挙人たちの間で使われている。

六月十五日、シイエスは果敢かつ慎重に、フランス国民によって認知され、審査された代表の議会にふさわしい公式名称を持つことを要求した。彼は、第三階級の議員が、自分たちの資格審査を公衆に委ね、公開の大広間の聴衆を前にして、厳粛になされたという、反論不能な事実のみを述べているのだ。他の二身分はそれぞれ、資格審査を密室の中でおこなったのである。第三身分における審査済みの議員という簡潔な言葉は、他の身分の議員を、推定された議員に貶めるのである。この推定された議員が、審査済みの議員の活動を妨げることができるというのか?議会の欠席者が、出席者の活動を麻痺させることができるとでもいうのか?シイエスは、第三身分の議員がすでに国民の九十六％（少なくとも）を代表しているということを思い起こさせたのである。

人々はシイエスをよく知っていたので、この提案が次の提案に導くための一段階ではなく、もっと大胆で、もっと決定的なものであるということを疑わなかった。早速ミラボーが、「どのような目標に向かうのかも示さず、いきなり議会を闘技場の中に放り込むようなものだ」とシイエスを批判した。

論戦二日目になって、光明が見えてきた。二人の議員がシイエスに代わって先駆者の役割を果たしたのである。ルグランは、議会は全国的な議会を構成していると指摘した。すなわち議会は、国民的な議会の不可分性から逸脱した何者によっても遮られることはないと。ガランは次のように問うた。聖職者と貴族というものは、二つの同業組合にすぎないではないか。それに対して国民は、一にして不可分のものである。であるから、ここに集まった議員は、フランス国民の代表としての合法的で活動的な議会を構成しているのだと。このときシイエスは、曖昧を避け、婉曲を排した国民議会という名称を提起した。

ムーニエおよびイギリスの政治形態の模倣者たちは、次のような名称を提案した。少数派の欠席のなかでの、国民の多数派の代表というものである。これは国民を二つに分裂させ、二つの議会の設置を招く表現である。

ミラボーは、フランス人民の代表という表現を好んだ。この言葉は柔軟で、その意味するところは伸縮自在であると彼は言った。

まさにその点を、傑出した法学者であるタルジエ（パリ選出）とトゥーレ（ルーアン選出）が批判した。二人はミラボーに、人民 peuple が古代ローマにおける平民 plebs を意味するのか、あるいは人民 populus を意味するのかを尋ねた。曖昧な部分が露わになったのである。国王、聖職者、貴族は間違いなく、人民を平民の意味に、すなわち下層の人民、単に国民の一部と解釈するであろう。

多くの議員は、この曖昧さによって、議会がどれほどの地歩を失うか、この表現にかかっていることに、考えが及ばなかった。皆がそれを理解したのは、ネッケルの友人であるマルーエが、この人民という言葉を受け入れた時であった。

夜の九時になって、議会は票決に移るために議論を終了したが、次のことが懸念された。明日にも宮廷が、人民が王になるのを阻止する行動に出るかもしれないということである。宮廷は武力を持ち、ヴェルサイユの周辺に軍隊を配置している。武力によって、中心的な議員を排除し、三部会を解散させることもあり得るのだ。もしパリが蜂起すれば、兵糧攻めにするだろう。この無謀な犯罪は、宮廷にとっても、最後の出たとこ勝負である。人々は、宮廷が勝負に出ると思った。そこで今夜にも議会を構成することによって、それに備えようとした。しかし少数の議員は、一晩中怒号と暴力に訴え、そのため投票のための点呼が困難になり、投票は翌朝に延期された。

翌朝、投票が始まろうとする時、議長は、国王が手紙を手渡すために国璽尚書を召喚したことを知らされた。この国王の手紙は、三身分の協力なしには何もできないと諭す内容である。それは絶妙のタイミングで、反対者に台本を提供し、長い論議のきっかけを作り、多くの優柔不断の者たちを不安にさせ、その熱意を冷ますであろう。議会は粛然と国王の手紙の件を先送りにした。そして議長が、審議が終了する前に退出することを禁じ、投票を開始した。

提議は三つ、あるいはむしろ二つの案にまとめることができる。

1. シイエスの案―国民議会

2. ムーニエの案―少数派の欠席の中での、国民の多数派の代表の議会

ミラボーの、どうにでも解釈できる表現は、ムーニエの案の中に包摂された。すなわち人民という言葉は、国民の多数派という限定された意味に理解されたのである。

投票の結果は、シイエスが五百票近くを獲得した。反対票は百票にも満たなかった。こうし

て議会は、国民議会を宣言した。多くの者が叫んだ。「国王万歳！」

まずは正式の議長を選任し、正式の執行部をつくることを優先させようとする意見が出されたが、議会はかまわずに宣誓の儀式を開始した。感動で一つとなった四千人もの聴衆が見守るなか、その深い静寂のなかで、六百名の議員が起立し、片手を高く上げ、誠実かつ厳粛な面持ちの議長の顔を直視し、起草文が読み上げられるのを聞き終えた彼らは、声高に叫んだ。「我々は誓う！」畏敬と宗教的感情が、議場の全ての者の心を満たした。

議会はその根拠を獲得し、生き延びている。欠けているのは力であり、これから生き続ける保証である。議会は課税の権利を手にすることで、その保証を得た。さしあたり不法である税は、「現在の議会が分離している間は」暫定的に徴収されると宣言したのである。それは一挙に過去の全てに有罪を宣告し、未来を手にすることだ。

議会は、特権の問題と国債に関する案件を堂々と採択し、国債の保証人として名乗りをあげた。

そしてこれらの国王の公式文書はすべて、これまで国王のみが用いた表現によってなされた。「議会は、それを理解し、布告する」。

結局のところ、議会の気がかりは国民の食糧であった。行政権が他の権力と同様に弱体なので、唯一正常な機能を果たしている立法府が介入せざるを得ないのである。国王自ら聖職者の議員団に提供した食糧についての情報を、議会の食糧委員会にも提供することを要求したが、国王は認めようとはしなかった。

もっとも驚いたのは、ネッケルであった。この男は無邪気にも、自分が世の中を導いているのだと信じていたが、世の中は彼なしで進んでいたのである。ネッケルは常に、この生まれて間もない議会を我が娘のように、あるいは自分が後見人である孤児のように見守ってきた。国王の問いにも、素直で、聞き分けがよい議会になるでしょうと答えていた。それが突然、後見人である自分に相談なく独力で歩き出し、さらに先に進んで、深く考えもせず古い障壁を跨いだのだ。茫然自失の状態で引きこもっていたネッケルは、二人の助言者の訪問を受けた。一人は王政主義者からの、もう一人は共和主義者からの助言であったが、どちらも同じ内容であった。

二人が主張したのは、国王が議会の政令を無効にし、国民議会という名称を議会から奪い、三部会の合同を命じ、フランスの臨時の立法府を宣言し、第三身分が権限なしにおこなったことを、王室の権限でおこなうということであった。王政主義者は、この一撃の後に残るのは当然、議会の解散しかないと思っている。共和主義者は、国王の大権の下に破砕され、屈服させられた議会は、法を作成する機関としての限られた機能を甘受することになるだろうと主張した。

十七日の夜、ラロシュフーコー枢機卿やパリの大司教といった聖職者の指導者が、パリ近郊のマルリまで馬車を走らせ、国王と王妃に嘆願した。十九日、オルレアン公爵が第三身分に合流することを提案し、モンテスキューが聖職者と合同することを主張した。同じ日、司祭たちが多数派を引き連れて、第三身分に合流した。聖職者身分は二つに分裂した。枢機卿と大司教は、その夜ふたたびマルリに舞い戻り、国王の膝にすがりついた。「もう信仰はお終いです！」次に高等法院の連中がきた。「三部会を解散しなければ、王政は崩壊します」。

全ては膠着した。国王はヴェルサイユから、人民から離れて、マルリに居を移し、王妃と二人きりになった。王太子の死によって、いっそう感傷的になった国王は、その苦しみを共にする王妃に対してますます優しく、そして弱腰になっていく。司祭たちが示唆を与えるには絶好の機会であり、国王を独占できるのだ。

国王はまだ逡巡していた。しかしもはや敗北に近い状況において、聖職者が第三身分に合流するのを防ぐには、翌日の土曜（六月二十日）の議場閉鎖を命じるしかなかった。月曜に王室会議を開くために必要な準備を口実にして。

全ては夜のうちに決められ、朝の六時にヴェルサイユの街中に貼り出された。国民議会の議長は、議会が開催できないことを偶然に知った。議長が通知を受け取ったのは七時を回っていた。しかもそれは国王からではなく（本来ならば、議会の議長にたいし国王自ら手書きしたもの）、儀礼長である若造のブレゼの通告のみである。そのうえ宛先も議長宛ではなく、バイイ様宛に自宅に届けられた。通告にしても、議会そのものになされるべきものである。バイイには、議長としての本来の権限はなかったのである。前日に指定された開会時間の八時、バイイは多くの議員とともに議場の扉の前にいた。歩哨に入場を遮られ、妨害に抗議し、開会中であることを表明した。幾人かの若い代議士がドアを力ずくで開けるふりをすると、士官が部下に武器を取らせて、無条件に立ち入らせないことが、自分が受けた命令だと告げた。

見よ、そこにいるのは、新しい我らの王たちではないか。まるで言うことを聞かない小学生のように、扉の外に閉め出されても、そこに留まっている彼ら。雨の中、パリ大通りを人民とともに彷徨っている彼ら。議会を開会し一堂に会することが必要だという一点で、彼らの全員が一致しているのだ。誰かが「アルム広場へ行こう！」叫ぶ、他の者は「メルリだ！」、そしてある者は「パリだ！」と。この最後の選択は行き過ぎだ。火薬に火をつけるようなものだ・・・。

議員のギヨタンが、穏当な意見を述べた。旧ヴェルサイユへ行こう、そしてそこにあるジュー・ド・ポーム［球戯場］に、ひとまず落ち着こうというのである。うら寂しく、煤けて、何もないがらんどうの、みすぼらしい建物である。しかし今は、そこを良しとするしかないのだ。そこでは議会もまた貧相に見える。そうであるだけに一層、この日の議会は人民を代表している。議会は一日立ち続けでおこなわれた。そこには木製のベンチが一つあるだけである。それはさながら、新しい宗教の飼い葉桶であり、ベツレヘムの牛小屋である。

聖職者の合流を決定づけた、あの剛胆な司祭の一人、かのグレゴワールが、時を経て、帝国［ナポレオン—訳注］が残酷にも彼の生みの親である革命を葬った頃、ポール・ロワイヤルの廃墟を見にヴェルサイユの近くを訪れたとき、（おそらく記憶を蘇らせながら）球戯場の中に入った。一つは壊され、もう一つはうち捨てられていた・・・何事にも動じない不退転の、この男の目から、涙がこぼれ落ちた・・・。人の心に、涙を流すべき宗教は、二つはいらない！

一八四六年に、我々もこの自由の立会人、自由の最初の言葉がこだまのように繰り返し聞こえたこの場所を訪れてみた。自由の記念すべき誓いを受け入れ、今なおそれを見守っている球戯場を。しかしこの球戯場に、何を言うことができるのか？球戯場が生み出した世界のその後について、我々はどのような報告をできるというのか？・・・。あぁ！時は、その歩みを速め、世代は変わっても、我々の事業はほとんど進んでいないのだ・・・幾時代を経た敷石の上に足を置いたとき、我々の今の有り様に、我々がほんの僅かしかなしえなかったことに思いが到り、恥ずかしさに胸が締めつけられたのだ。そして我々はこの場所にいる資格がないのではないかという思いを抱きながら、神聖な場所をあとにしたのである。

第四章　球戯場の誓い

一七八九年六月二十日、球戯場［ジュー・ド・ポーム］の誓い。彷徨う議会。クーデタ、ネッケルの改革案、一七八九年の国王の宣言。議会が、分離することを拒否。国王、ネッケルに留任を求めるが、宣言の撤回はしない。

国王の妨害にもかかわらず、議員たちは球戯場［ジュー・ド・ポーム］に結集した・・・しかし何をしようとするのか？

この時代、議会が例外なく、丸ごと王政主義者であったことを忘れてはならない。十七日、議会が国民議会を名乗った時、「国王万歳！」と叫んだことを忘れてはならない。そして徴税について議決する権利を確立し、それまで徴収した税が不法であると宣言した時、反対者は出席によって王権への侵害に手を貸すことを嫌い退場したのである。

国王、この古色蒼然とした亡霊、この時代遅れの妄信、全国三部会の議場ではあれほど強者であったのが、球戯場では色褪せてしまった。みすぼらしく、近代風で室内には飾りもなく、なんの設備もないこの建物には、過去の夢想が身を置く場所などどこにもない。それ故、純粋なる精神、理性、正義、そして未来の王が、ここを支配するのだ！

この日、もはや反対者はいなかった。議会は、考えも心も一つになった。議会にあの有名な宣言を提案したのは、穏健派の一人である、グルノーブル選出のムーニエである。たとえ議会を招集せざるをえない場所がどこであっても、そこが常に国民議会である。その審議の継続を妨げるものは何もない。憲法が完成し、制定されるまで、議会は決して解散しないことを誓った。

バイイが真っ先に宣誓した。極めて明確かつ声高に誓いの言葉を発声したので、議場の外に詰めかけた聴衆にもよく聞こえた。皆、興奮に酔いしれ、拍手した・・・。「国王万歳」の叫びが、議場からも、聴衆からもわき起こった。それは感動のあまり噴き出た、古いフランスの叫びであった。その叫びが、抵抗の誓いに混じり合っているのである。

一七九二年当時、単身で他国に亡命していたムーニエは、六月二十日の自分の提案は果たして法の上に立脚していたか、自らの王政主義者としての忠誠と、市民としての義務は一致していたか・・・自らに問うた。亡命したこの地においても、憎しみと亡命にたいするあらゆる偏見にさらされていた。その彼が自らに、こう答えたのである。「ウィ！」と。

「そうだ。誓いは正しかったのだ。解散を望む者もいる中で、あの誓いがなければ解散は現実のものとなっていただろう。宮廷は三部会から解放され、もう二度と三部会を招集しなかったであろう。そうなれば全フランスの一致の下に書かれ、要請された、あの憲法の制定を断念したに違いない・・・」。これはひとりの王党派、穏健派中の穏健派、形式的な文面の中に道徳的判断を見いだすことに長けた法律家が、我々の革命の本源となった行為について発言したことなのである。

同じ頃マルリでは、土曜から日曜まで、ネッケルが、国王が派遣した高等法院の連中と対決していた。彼らはネッケルの改革案のどっちつかずの性格を排除した。こうして高等法院は、かつてルイ十五世が彼らの先輩たちに対し強行した親裁会議[*1]のような、容赦のない文字通りのクーデタをおこなおうとした。議論は夜まで続いた。議長が、国王臨席会議が明朝には開くことができず、火曜まで延期されたことを知らされたのは、深夜になって床に就いた時である。

日曜日になると、貴族が大勢で騒々しくマルリにやって来た。そして抜け目なく、事態はもう貴族というより国王の問題になっていると国王に指摘した。宮廷は、騎士道精神で活気づいてきた。剣の男たちは、ペンの男たちに対して行動を起こす合図を待つだけになっている。この挑戦的な男たちの中心にいるのはアルトワ王弟で、傲慢さが混じった陶酔状態で、ついには翌日に球戯場を使用する旨を知らせに行かせた。

月曜の朝、議会はヴェルサイユの敷石の上で、火の気も場所もなく彷徨っていた。宮廷にとっては、まずまずの気晴らしとなった。球戯場の持ち主が不安になり、王子たちを恐れたのである。議会はレコレ修道院の門を叩いたが、断られた。修道士は、あえて危険を冒そうとはしなかった。では、この流浪の集団、全ての扉に拒まれたこの怪しげな集団は、いったい何者なのだ?他の誰でもない、国民そのものだ。

しかしまさにこの日、聖職者の多数派は、第三身分とともに議場に赴くことを決めた。そして百三十四名の司祭と彼らのリーダーである幾人かの高位聖職者が、この朝すでにサン・ルイ教会に集まっていたのである。

議会は教会の中央広間に案内された。それまで内陣に集まっていた聖職者がそこを出て、議席に着くために中央に移動した―なんという美しい瞬間、なんという心からの喜び！誰かが感動して叫んだ。「信仰の聖堂が祖国の聖堂になった」。

二十二日の月曜日、ネッケルはまだ空しい闘いを続けていた。ネッケルの改革案は曖昧で、自由にとってかえって有害であった。彼の改革案は、より単刀直入で、狙いとするところがより鮮明となる、もう一つの改革案に道を譲った。ネッケルは最早、善と悪との間の罪深い調停人に成り下がり、正義と不正義の間で見せかけの均衡を取ろうとしている。人民の機嫌もとり、人民の敵の機嫌もとるという具合に。王弟や公爵たちは、このどっちともつかない調停者、合理と不合理が真っ正面からぶつかるのを邪魔するネッケルを排除することで、逆に自由にとって重要な働きをしたのである。

国王臨席会議が始まる前に、二つの改革案、つまりネッケルのものと、宮廷のものとを吟味しようと思う。ネッケルの改革案については、私はネッケル自身が語ったものを採ることにする。

ネッケルの改革案

一七九六年、反動［総裁政府—訳注］のただ中で書いた著書の中で、ネッケルは自分の改革案がどんなものであったかについて、さりげなく語っている。彼はこの改革案が、特権身分の利益の為のものであって、その点で大胆、極めて大胆であった・・・と指摘しているのである。この告白はネッケルにとって苦痛をともなうものであったが、意を決して告白に努めた。「私の改革案の欠点は、あまりにも大胆すぎたことです。私はできる限りの危険を冒しました。どうか解っていただきたい。私は解っていただけるようにするし、またしなければならない。私の話を聞いてください」。

ネッケルが語りかけ、弁明している相手は、亡命貴族たちである。なんという無意味なことを！かつてネッケルが人民に政治参加を呼びかけ、それが五百万人という選挙人を生みだしたことを、亡命貴族がどうして許すだろうか？

その一　宮廷が長い間拒否した末にやむを得ず受け入れた、必要で確かな改革は、ネッケルが国王の名において公布した。ネッケルは、国王が王妃と宮廷のロボットであり、表看板以上のものではないということを、苦い経験を通じて承知していた。その上で、この惨めな喜劇を続けることを甘受してきたのである。

自由、本来それ自体で存在するこの神聖な権利を、ネッケルは国王の賜りもの、授与された憲章とした。それは一八一四年の占領［対仏同盟軍による―訳注］の憲章である、欽定憲章[*2]のようなものである。三〇年にわたる戦争［大革命からナポレオンまで―訳注］の末に、全ヨーロッパがパリを占領する中で、フランスはこの欺瞞的な憲法を受け入れた。

その二　単一の立法府ではなく、すくなくとも二つの議会。イギリス風にするという助言は、フランスに対して遠慮がちに出された。しかしこれには、実際二つの利点があった。一つは特権身分、高位聖職者と貴族の立場を強化し、以後上院に権限を集中させる点。二つめは、国王を、容易に人民をごまかす手段にすること、上院が国王に代わって拒否権を行使する点である。つまり一つの法案にたいして二つの拒否権をもつということである。

その三　国王は、一般的な案件については、三身分が合同で討議することを認めた。しかし個人的な叙勲および栄誉による特権、領地に関わる権利に関しては、合同の場での討議を一切認めなかった。この個人的な特権こそ、まさにフランスが、優れて一般的な事項と見なしていたものである。栄誉の問題を、あえて個人的な案件として捉える者など、どこにいようか？

その四　この不安定な三部会は、ある時は合同し、ある時は三身分に分かれ、ある時は活発になり、ある時はそれぞれが独自の運動をすることによって活動を停止した。ネッケルはさらに地方三部会を使って、三部会との均衡をとり、足かせをはめ、中立化し、こうしてフランスが統一を渇望している時に、分裂をより増大させようとするのである。

その五　以上がネッケルの提起したものであるが、彼はそれを出すなり、すぐに引っ込めた。ご立派な立法機関だが、それが機能するところを見た者はいない。彼はそれを出し惜しみするのである。しかしこの立法機関は非公開で機能する、つまり密室審議である。法はこうして、陽の届かない闇の中でつくられる。法に対して陰謀を巡らすことができるかのように。

その六　法！個人の自由なしに、この言葉はいったい何を意味するのか？誰もが自分の家で寝ることも定かでない時に、誰が自由に活動し、選挙し、投票するなどできようか？この社会生活の第一条件、すなわち政治活動以前の、そして政治活動に欠かせないものを、ネッケルはまだ保証してはいない。国王は封印状［投獄・追放を命じる国王印のある令状―訳注］の廃止を可能にする手段を見いだすよう議会に促すであろう。それまでのあいだ国王は、封印状を温存し、勝手放題の略奪、国の牢獄、すなわちあのバスティーユを続けるのである。

これは、まだ王政が順風のなかにあった頃、国民に人気がある大臣にそそのかされて、古びた王権がおこなったぎりぎりの譲歩である。しかしまだそこまでも行き着けない。名前だけの国王が約束しても、真の国王である宮廷がその約束を無視するのである。自らの罪によって死ぬがいい！

国王の宣言（一七八九年六月二十三日）

宮廷の改革案は、ネッケルの折衷的改革案よりもましである。少なくとも、より明瞭である。そこではネッケルの案の中で悪であったものが、大切に保存されている。それどころか、大量に増えているのである。

専制政治の遺言書ともいえるこの詔書は、二つの部分に分かれる。その一、現在開会中の三部会に関わる宣言という表題の下に、諸保証を廃止。その二、彼らの言うところの改革、恩恵、すなわち将来起こりうることにたいする国王の意図、決意、願望についての宣言。悪は確実で、それに可能な限りの善が加わる。詳細を見ていこう。

I．国王は、五百万の有権者の意志を踏みにじり、彼らの要求は情報に過ぎないと表明した。国王は第三身分の議員の決議を踏みにじり、決議は「無効、違法、そして非立憲である」と表明した。

国王は、諸身分の区別は維持されること、一つの身分が他の身分を束縛することができることを求めた（国民の百分の二だけを、国民とみなすことである）。

もし諸身分が合流を望むならば、国王は今回に限りそれを認める。その場合、議題は一般的な事項に限る。この一般的な事項には、三身分の諸権利、次回の三部会の構成、封建的および領主的所有、そして金銭的あるいは栄誉に関わる特権などは含まない。こうしてアンシャン・レジームの全てが除外されるのである。

これらはすべて、宮廷がやったことである。見かけはまったく国王の詔書である。国王が重要と思った部分は、自ら書いたものだろう。すなわち「聖職者」の身分は、信仰、戒律、在俗および正規の身分制度といった全てのことについて、(貴族や第三身分に対する)特別の拒否権を持つという部分である。こうして修道士は一人として欠けることもなく、なすべき改革は皆無となる。修道院は日ごとに嫌悪の対象、無用な存在となっており、もはや修道士を募集することも難しい。それなのに聖職者は、全てが従来通りに維持されることを望む・・・。貴族は怒り狂った。自分たちは最も尊い望みを失うのである。いつの日かこの獲物が自分のところに回ってくるだろうと思っていた。ならば、もし国王と人民が何らかの犠牲を払うよう自分たちを責め立てたとしても、せめて聖職者が犠牲を払う時には、気前良くしようと考えていたのである。

拒否権の上に拒否権を重ねる・・・。それが何の役に立つのか?討議の結果のすべてをより確実に不可能にするために、余計な慎重を重ねているのである。三身分合同の討議において、一身分の三分の二が討議に異議を唱えるだけで、国王に決定が委ねられるのである。しかも決議された事項に対して、百名の議員が抗議するだけで、何も決議されなかったことになる・・・。つまり議会、討議、決議といった言葉は欺瞞にすぎず、茶番でしかない。いったい誰が、まじめな顔をして、この茶番を演じるというのか?

Ⅱ．やっと施しに行きつく。第一の施しは、財政の公開、税についての採択、支出の固定。支出の固定については、三部会がその方策を示す。もし王室の威厳と公共サービスの迅速さを満たすものであるならば、国王陛下はその方策を採用なさるであろう。

第二の施しは、聖職者と貴族が自分たちの財政上の特権を放棄しようとする時には、国王は税の平等を認めるということである。

第三の施しは、所有権が尊重されることである。とりわけ十分の一税［教会が徴収する税――訳注］、そして封建的な権利と義務。

第四の施しは、個人の自由？否。国王は、家族の名誉にたいする配慮のためにせよ、暴動を鎮圧するためにせよ、封印状の廃止と必要な予防策とが両立するための方策を求め、提案するよう、三部会を促した。

第五の施しは、出版の自由？否。三部会は、出版の自由と信仰に払うべき敬意および品行および市民の名誉に払うべき敬意とが両立する方策を探求することになる。

第六の施しは、すべての国民に雇用を認めるのか？否。軍隊については明確に拒否した。国王は、軍隊制度についてはどのような変更も認めず、手つかずのまま維持することを最も明瞭に表明した。すなわち平民は一切、士官の道は望めないということである。

こうしてこの愚かな立案者は、物事を暴力へ、武力へ、剣へと追いやる。しかしまさにこの瞬間に、国王は自分の剣を打ち砕くことになるのだ・・・。兵士を招集し、議会を包囲させ、パリに向けて押し出そうとすれば、その同じ数だけ、革命の擁護者を造り出すことになるのだ。記念すべき日の前夜、真夜中に、三人の貴族議員、デギヨン、ムヌー、モンモランシイが、その夜ヴェルサイユでおこなわれた最後の会議の結果を議長に知らせにきた。「ネッケル氏は議会で、自分の案に反対する案を支持することはしないでしょう。彼は議会には来ない。そしておそらくここを去るに違いない」。

議会は十時に開催された。バイイは議員に、そして議員は他の多くの者に、この日の重大な秘密を伝えることができた。

もし、あの人気のある首相が国王の側に座っているのを見たとしたら、人々の意見は分かれ、一杯食わされたと思ったであろう。ネッケルは欠席していた。援護がない国王は人々の意見から取り残された。宮廷はネッケルを盾にし、彼の犠牲のもとに勝負をするつもりでいた。そして彼らにしたい放題をさせず、恥辱をうけることを拒否したネッケルを、決して許そうとはしなかった。

全てが露見したとわかったのは、まさに宮殿の出口において、国王が群衆の陰鬱な沈黙を読み取った時である。これほど念入りに準備された山場も、もはや効果はなかった。

傲慢という、浅ましいほど狭量な精神の持ち主である宮廷は、二つの特権身分を正面の大門から入らせ、第三身分を裏側の、半ば雨が降りかかる倉庫の下で待たせることを思いついた。こうして屈辱を受け、泥で汚れ、雨に濡れた第三身分は、うなだれて入場し、これから国王の説教を聞くのである。

案内する者は、誰もいなかった。扉は閉ざされ、近衛兵が中にいた。ミラボーが議長に、「議長、国王陛下をお出迎えできるよう、国民を案内してくれたまえ！」と言った。議長はドアを叩いて催促した。中から近衛兵が「まもなく」と応じた。議長「儀典長はどこにいるのかね？」近衛兵「我々は何も知らされていません」。議員たち「それじゃ、去るしかなかろう。行こう！」ようやく、議長が近衛兵隊長を連れて来させ、儀典長のブレゼを探しに行かせた。

議員たちは一列になって入場した。中に入ると、聖職者と貴族はすでに席に着いていた。あたかも裁判官のように彼らを待っていた・・・。それに傍聴席は、空っぽだった。人民が排除されたこの大広間ほど、陰鬱なものはない。

国王はいつものように気取りなく、誰かが書いた演説原稿を読んだが、その専制的な言葉も、国王が口にすると異様に感じられた。彼は文面の挑戦的・暴力的な表現には、いささかも気にとめなかった。議会が見せた雰囲気に驚いた様子であった。封建的権利について触れた箇所で貴族が拍手をしたとき、だれかが大声で、しかもよく通る声で言った。「静かに！」

国王はちょっと驚いて沈黙した後、許しがたい重大な言葉で締めくくった。議会に対し手袋を叩きつけ、闘いを挑んだのである。「もし諸君が朕を見捨て、この素晴らしい計画を葬り去るならば、朕は独力で朕の人民のために善をおこない、唯一、朕が真に人民を代表する者であると自負するであろう」。

最後に「議員諸君、朕は諸君に、直ちに散会し、明朝、諸君の会議を再開するために、各身分に割り当てられた会場に赴くよう命ずる」と付け加えた。

国王は退場し、貴族と聖職者がそのあとを追った。第三身分は残り、沈黙して静かに座っていた。

その時儀典長が入ってきて、議長に小声で言った。「議長殿、国王の命令をお聞きになりましたでしょうね？」議長は答えた。「議会は、国王臨席会議後に延期されたのです。議会がそれについて審議することなく解散することはできません」。そして周りにいる同僚議員の方に顔を向けた。「ここに招集された国民は、命令を受け取ることができないと私は思うが」。

この言葉を、ミラボーが見事に引き取った。儀典長に向かって進み出たミラボーは、感服に値する威厳をもって、威圧するような大声で次の言葉を投げつけた。「我々は、誰かが国王に進言した意向は聞いた。ところで儀典長、君は国民議会に対して、国王の代理人になることはできないのだ。君はここでは、議席も、投票権も、発言権もない。そして国王の演説を我々に思い出させる資格も君にはない・・・。さあ、君をここに寄こした連中のところに行ってこう伝えるのだ。我々は人民の意志によってここにいるのであり、銃剣によってしか、我々をここから追い出すことはできないと」。

ブリゼは面食らい、唖然とした。彼は新しい王権をそこに感じた。そしてこれまで他の権威のために整えてきた儀礼を、この新しい王権にも適用し、国王の前でするように後ずさりしながら退出した。

宮廷は、第三身分を追い出す他の方法を考えついた。かつて全国三部会において成功した、手荒いやり方である。要するに議場から備品を取り去り、階段席、国王の演壇を取り壊すだけのことである。事実、職人が入ってきた。しかし議長の一言で立ち止まり、工具を置いた。そして静寂の中、威厳をもった議会の空気に感嘆しているうちに、熱心で敬意に満ちた聴衆になっていた。

一人の議員が、国王の解決策について翌日に討議しようと提案した。耳を傾ける者は誰もいなかった。カミュが断固として次のように規定し、宣言させた。「国王臨席会議は、単に内閣の行為でしかなかった。議会は自らの決定を堅持したのである」。

ドフィネ出身の若いバルナーヴが言った。「諸君は、自分が何者であるか宣言したのだ。だから承認を得る必要はないのだ」。

ブルターニュのグレザンが、「いったい何だっていうんだ！国王は主人面して話している。今は意見を求めることが必要な時なのに」。

ペチオン、ビュゾ、ガラ、グレゴワールも、強い調子で発言した。そしてシイエスが率直に呼びかけた。「諸君、今日の君たちは、昨日のままの君たちだ」。

次に議会は、ミラボーの提案により、次のように宣言した。議会のメンバーは不可侵である。議員を逮捕する者は、何びとであろうと謀反人であり、卑劣な者であり、死に値する。

この宣言は、無駄ではなかった。近衛兵が議場の前に整列していたのである。六十名の議員が夜のうちに逮捕されると信じた人もいた。

貴族は真っ先に、代表を先頭にして、彼らを救ったアルトワ王弟へ礼を言いに行った。次に王弟のプロバンス伯のところへ行ったが、慎重な伯爵は、用心して自宅にいた。貴族の多くはまた、勝利に喜色満面の王妃に会いに行った。王妃は娘に手を貸し、王太子を抱きながらこう言った。「王太子のこと、あなた方貴族に委ねます」。

国王は少しも、この喜びを分かち合おうとはしなかった。これまで目にしたことがなかった人民の沈黙に、すっかり打ちのめされてしまったのである。ブレゼが、第三身分の議員がまだ議場にとどまっていることを告げ、指示を仰ごうと駆けつけたとき、国王はしばらく部屋の中を歩き回ったあとで、うんざりした表情で言った。「よろしい！放っておくがよい」。

国王の言葉は、賢明であった。不安材料ばかりである。あと一歩で、パリがヴェルサイユに向けて押しかけてくるところであった。ヴェルサイユはすでに混乱している。今も五千人、六千人の群衆が宮殿に押し寄せ、一瞬のうちに庭園、テラス、すでに部屋の中までが入り込んでいる。このような異様な宮廷を初めて経験した王妃は、怖れを抱いた。王妃は国王に、これまで自分がしたことを取り消して、ネッケルを呼び戻すよう懇願した・・・。ネッケルは、遠くから駆けつけることもなかった。彼はそこにいたのだ。いつもの調子で、自分がいなければ何事もうまくいくことはないと固く信じて、すぐ近くにいたのである。ルイ十六世は馬鹿正直にも、ネッケルにこう言った。「朕は、この宣言に少しも固執していない」。

ネッケルは、宣言についてそれ以上望まなかったし、どのような条件もつけなかった。彼の虚栄心は満たされ、ネッケル！という叫び声に酔いしれ、それ以外の考えは全て吹き飛んでしまっていた。ネッケルは喜びで胸をふくらませ、宮殿の広大な中庭に出た。そして群衆を安心させるために中庭を通り抜けた・・・。すると、熱狂した人々が膝をつき、彼の手に接吻をした・・・。ネッケルは感動で熱くなった。「よしよし。諸君。私はまだここにいる。安心したまえ・・・」。そして書斎に入るなり、泣き崩れた。

この宮廷の哀れな道具は、なにも要求することなく留まった。彼は陰謀を自分の名前で覆い隠し、宮廷の広告塔となり、人民から宮廷を守るために残ったのである。そして宮廷の勇士たちに勇気を取り戻させ、さらに軍隊を招集する時間を彼らに与えたのである。

＊1　国王がみずから高等法院に出向き，法を強制的に登録させる儀式

＊2　王政復古のルイ十八世が国民に与えた許可であり、国民がつくる憲法ではない。人権宣言を前文に謳わないが、法の下の平等と自由は保障した。

＊3　投獄・追放を命じる国王印のある令状

第五章　パリの動き

一七八九年六月二十五日、選挙人集会。フランス衛兵の動き。パレ・ロワイヤルの喧噪。オルレアン派の陰謀。六月二十七日、国王、諸身分の合同を命ずる。六月三十日、人民がフランス衛兵を救出。宮廷、戦争の準備をする。パリは武装を欲する。七月十一日、ネッケルの更迭。

それにしても奇妙な情勢である。それが一時的であることは明らかであるが。議会は従わず、しかし国王は何も撤回しないのである。

国王はネッケルを呼び戻した。しかし議会にたいしては、軍隊に包囲させ、まるで囚人のように扱った。そして聴衆を議場から閉め出したままである。大扉は閉まったままで、議会は小さな門から入り、非公開で討議した。

議会は抗議したが、それは弱々しく気力を欠いた。二十三日の抵抗で、力を使い果たしたように見えた。

パリはそうではなかった。

パリにとっては、自分たちの議員が牢屋のなかで法律をつくるの見るなど、受け入れ難いことであった。

二十四日、動揺が激しくなった。

二十五日、動揺は選挙人、民衆、兵士たちによって、同時にそして三様に爆発した。革命の本拠がパリに移ったのである。

選挙人たちは選挙の後も、自分たちが選んだ議員たちの知識を補うために集まろうと約束していた。大臣が、選挙人集会の許可を拒んだにもかかわらずである。二十三日のクーデタが、彼らを前に進ませたのだ。彼らもまた、彼らのクーデタをおこなったのである。二十五日に、自分たちの意志でドーフィーヌ通りに集まった。仕出し屋のみすぼらしい一室が、ちょうど結婚式の最中であったが、場所を譲ってパリの選挙人集会を迎え入れた。彼らにとってのジュー・ド・ポーム［球戯場―訳注］になったのである。

ここパリでは、選挙人の執行機関が、国民議会を支持することを誓った。選挙人の一人であるチュリオは、市庁舎のサン・ジャン大広間に場所を移すことを勧めた。市庁舎では、あえて彼らを拒もうとはしなかった。

六月六日、ボンヌヴィルが、パリの武装を提起した。これが、「武器を取れ！」と叫んだ最初となる。フォーシェ、ボンヌヴィル、ベルトリオ、過激なジャーナリストであるカーラは、国民議会において、先ずなすべき大胆な動議を提起した。その一、市民衛兵について。その二、毎年公選される真のコミューン［自治体―訳注］を早急に組織化すること。その三、軍隊を遠ざけ、議会の自由を保障し、そして二十三日のクーデタの撤回を求める旨の上奏文を、国王に届けること。

最初の選挙人集会の当日、「武器を取れ！」という声が、まるで叫び声のように兵舎の中に響き渡った。この数日いらい駐留していたフランス衛兵隊の兵士たちが、外出禁止の命令に背き、パリの街中を徘徊し、人民と親交を深めるためにパレ・ロワイヤルに来た。すでに少し前から、フランス衛兵の間に秘密のサークルが組織されていた。彼らは、議会の命令に逆らうどんな命令にも従わないことを誓ったのである。二十三日に国王は、最も強硬な調子で、軍隊の制度について決して変えることはないと宣言した。それは、貴族がこれまで通りすべての階級を独占し、平民は昇進することなく、兵卒は兵卒のまま死ぬということである。この突飛な宣言は、革命の伝播によって始まったことの総仕上げをしたに違いない。

パリに住むフランス衛兵の大部分は所帯を持っていた。彼らは、少し前まで駐屯地内で部隊の子どもたちを無料で教育していた施設が、連隊長である厳酷なド・シャトレの手によって廃止されるのを目にした。それが軍隊制度に関する唯一の変更であり、彼らの声を無視してなされたのである。

この軍隊制度という言葉を充分に理解するには、この時代の予算のうち、士官に充てられる額が四千六百万フランであったのに対し、兵士には四千四百万フランであったことを知らなければならない。高邁な魂と大志をもつこの青年たちは、いつまでも今の階級にとどまるのである。二十一才のオッシュは、それでもなお総司令官のような軍人になるための独学をしている。文学、政治、哲学までも、すべてを吸収しようとしている。この雄志の男は何冊かの本を買うために、士官のチョッキに刺繍をして、カッフェで売っていたということを付け加えなければならない！兵士の僅かな給料は、あれこれといった口実で、控除によって吸い上げられる。そしてその控除されたものは、士官たちが浪費する。

フランス衛兵たちは、選挙人そして人民の声明を支持するところまで来ている。この真にフランス的な軍隊は、その大部分がパリの軍隊である。そしてパリに従い、法に、積極的な法に、国民議会に従う。

兵士たちがパレ・ロワイヤルに着くと、民衆は歓迎の声を上げ、彼らのところに殺到し、そして息ができないほど抱擁した。この兵士たち、旧い王政によって除け者扱いにされた者たち、貴族によって虐待された兵士たちは、いま人民によって迎えられる・・・。軍服の中は、人民そのものでなければ、何なのだ？二人の友は再会した。兵士と市民、同じ母から生まれた二人の子どもが再会したのだ。互いの腕の中に身を投げて、涙を流した。

この運動は人民の運動である。率直で、巨大で、万人共同の、真の運動である。フランスが、パリが、そして全ての人民が（各々が自分の能力に応じて）この運動を分かち持ち、ある者は腕そして声によって、他の者は自分の思想に、突き上げる欲求に、心の最も深部にあるものに従って行動する。

ところで、なぜ私はフランスと言ったのだろうか？世界と言ったほうが良かったのだ。妬み深い敵、イギリス人の先入観がすっかり染み込んだジュネーヴ人［ネッケル―訳注］は、次のことを告白せずにはいられない。この決定的瞬間において、世界中が注目していること。世界は、我々の革命の進行を不安の混じった共感をもって見つめていること。そしてフランスが人類の事業を、全ての責任を引き受けておこなっていることを、世界は理解していることである。

このような時に、イギリスの農業学者アーサー・ヤングが、農業を調査するためにフランスへやってきた。この現実的かつ風変わりなイギリス人は、パリ周辺があまりにも静かなのに驚いた。馬車は一台も走っておらず、人もほとんど見かけなかったのである。しかし屋内に足を踏み入れると、そこは凄まじい喧噪の渦であった。それが屋外の人気を奪っていたのである・・・。ヤングは、その騒々しさに度肝を抜かれた。彼は驚愕しながら、騒音の首都を歩いた。そして激動の中心であり、煮えたぎる大釜のようなパレ・ロワイヤルに案内された。そこでは一万の人間が同時にしゃべり、一万の知性が行き交っていた。この日は人民にとって勝利の日だったのである。花火が上がり、祝賀のかがり火が焚かれた・・・。揺れ動くバベルの塔のような光景を前にして、驚嘆し呆然となったヤングは、足早にそこから立ち去った。しかし一つの思想に団結したこの人民の、あまりにも巨大であまりにも活気に満ちた興奮は、やがてこの旅行者の心を捉えていく。ヤングは自分の変化を意識することなく、少しずつ自由の希求に親和していった。イギリス人は、フランスのために祈った！

すべての者が、我を忘れた。悪人さえも、あまりにも真摯で崇高な熱情の中で、熱狂の炎に焼かれ、一瞬のあいだ純真となった。最も堕落した者たちは頭を上げ、空を見た。彼らの過去、その悪の夢想は、少なくとも一日のあいだは消えた。では誠実になったのか？彼らは誠実にはなれない。しかし世界の自由の名の下に、自分が雄々しくなったと感じたのである！人民の友、互いに兄弟である者たちは、もはや利己主義のかけらもなく、全ての者が全てを分かち合うつもりでいる。

　この群衆の中に私利私欲でうごくアジテーターがいたことも疑うことはできない。貴族の少数派であり、野心をもち騒動を起こすの男たち、ラムトとドュポールは、自分たちのパンフレットと手先を使って、人々を扇動した。それはすべてオルレアン公の屋敷の窓の下、この貪欲で下劣な陰謀家である宮廷人の目前で起こったことも言っておくべきであろう・・・。あぁ！我々の革命に憐憫の情を覚えない者がいようか！純朴で、私心がなく、崇高な運動が、いつの日か自分たちの利益になると考えた連中によって監視され、物欲しげにみられるとは！

　二十五日の夜、人民の友である貴族の合流を知って、パリは喜びに沸いた。そしてカッフェ・ド・フォワでおこなわれている集会に殺到した。皆、大急ぎで、その大部分は読みもしないで祝詞に署名し、その数は三千名に達した。祝詞はよくできていたが、オルレアン公の署名の上には次のような、奇妙な一言が加えてあった。「この公衆より敬愛されし大公」。まさにこの男にしてこの言葉だと物笑いの種になりそうだが、かといって政敵［国王—訳注］がよりましな言い方をするわけでもないであろう。どうやらオルレアン公の不器用な事務屋は、思い切った讃辞ほど酬われるものも大きいと信じているのであろう。

二十五日いらい、熱情がひとつになり、賛同の声があまりにも強大になったので、扇動者たち自身が急き立てられて、もはや指導する自負を失ってしまった。パリが、指導者たちを導いたのである。サロンやカッフェのカティリーナ[*1]たちは、後ろについていくしかなかった。突然、統治機関がパリに現れた。指導者も統率者もいない中で、人々は選挙人集会がそれだと思ったのである。他方フランス衛兵隊も、態度を明らかにし始めた。この新しい統治機関が、充分に力をもちうることを予測できたのである。

もし議会がヴェルサイユに抑圧されたならば、フランスの心臓部であるここが、そして必要とあらば武装したパリが議会の避難所になるだろう。

宮廷は怒りに震え、しかしそれ以上に恐怖に駆られ、二十六日の夜、三身分の合同の承認を決意した。国王は貴族を呼び寄せ、おこなわれた全てのことに対して抗議する手はずを整えた。そしてアルトワ王弟に、次のような不用意な（嘘の）言葉を書かせたのである。「国王の命は危機に瀕している」。

二十七日、こうして待ちに待った合同議会がおこなわれた。ヴェルサイユでは歓喜が頂点に達し、抑制のきかない無分別な行動も見られた。群衆は喜びの篝火を燃やし叫んだ。「王妃万歳！」。王妃は、バルコンに姿を現すしかなかった。群衆は心からの完璧な和解のしるしに、王太子を見せるよう王妃に頼んだ。王妃はそれにも応え、子どもと一緒にふたたび姿を現した。王妃はますますこの信じやすい群衆を軽蔑するしかなかった。そして軍隊を呼びにやった。

王妃は諸身分の合同など、どうでもよかった。しかし、果たして合同だといえるのだろうか？同じ議場で顔を合わせ、肘を触れ合わせるが、依然として敵同士なのである。聖職者はことさらに態度を保留した。貴族は挑戦するように一人ずつ抗議をおこない、審議の時間を奪った。あとから来たものは座ろうともせず、議場をうろつくか、傍観者のように立ったままでいた。着席するにしても、自分の席から離れたところでひそひそ話をしていた。多くの者はヴェルサイユを出て行くと言いながら、ここに留まっている。明らかに、彼らは何かを待っているのである。

議会は時間を浪費した。弁護士の大多数が、多くのことを長時間にわたってしゃべり、あまりにも言葉の力を信じすぎた。彼らは、憲法ができると全てが救われるという。あたかも憲法が、政府と永続的に協力するものでありうるかのように！それは書かれた、あるいは語られた、紙の上の自由にすぎないのだ。専制政治が、力と剣を持とうとしているのに！ナンセンスだ！とんだお笑い種だ！

しかし宮廷も、パリも、妥協しようとしない。全てが暴力に向かっている。宮廷の軍人たちも、行動を起こしたくてじりじりしているのである。すでに、フランス衛兵隊の大佐であるドュ・シャトレが、部下の兵士のうち、議会の命令に背くいかなる命令も拒否すると誓った十一名を、修道院に拘束している。しかしそれに満足せず、兵士たちを軍事刑務所から引きずり出し、窃盗犯を収容する監獄に送り込もうとしているのである。そこはおぞましい掃きだめのようなところで、徒刑囚と性病患者を一緒にし、同じ鞭で服従させる、病院を兼ねた監獄である。そこに押し込まれると死を待つだけだったという、ラチュード[*2]の恐ろしい体験は、ビセートル監獄の実体を暴露し、はじめて闇の部分に微光を投げかけた。そしてミラボーの最新の本は、読む者に吐き気を催させ、精神を怯えさせた・・・。ひたすら法の兵士でありたいと望む者を、囚人としてそこに収監しようというのである。

彼らがビセートル監獄に移されるまさにその日、人々はそのことをパレ・ロワイヤルで知った。ひとりの若者が椅子に上がり、叫んだ。「修道院へ行こう！人民に銃を向けることを拒んだ者たちを救い出すのだ！」兵士たちが行くと申し出た。市民たちは兵士に感謝しつつ、市民だけで出発した。群衆は行進する間にも増え、労働者は頑丈な鉄のバールを手にして加わった。修道院に着いた時には、四千人に達していた。くぐり戸を突き破り、木槌、斧、バールで、内部の大扉を打ち壊した。拘束されていた兵士たちは、解放された。彼らが外に出たとき、そこに剣を高く掲げた軽騎兵と竜騎兵が全速力で駆けつけて来た・・・。人びとは駆け寄って手綱を握り、訳を話した。兵士たちは、兵士の解放者たちを虐殺したくなかった。剣を鞘に収め、兜を脱ぎ、ワインを運んできて、国王と国民のために皆で杯を干した。

監獄に入れられていた者は、すべて解放された。群衆はこれから解放した者たちを、自分たちの本拠であるパレ・ロワイヤルに連れて行くのである。解放された者のうち、一人の老兵士が背負われていた。数年に及ぶ修道院での拘束によって身体を痛め、歩けなくなったのである。あまりにも長い間過酷な境遇に置かれていた、この哀れな老人は、感激にむせびながら言った。「皆さん、このままでは私は死んでしまいます。こんなに多くの善意に囲まれたら、私は死んでしまいます！」

確かな罪科があるのは、この老人だけであった。人びとは、彼を監獄に戻した。残った市民、兵士、囚人は入り混じり、大きな列となってパレ・ロワイヤルに着いた。公園のなかにテーブルが整えられ、兵士たちが座った。問題は、彼らをどこに泊まらせるかであった。結局、劇場であるヴァリエテの間に泊まらせることになった。そして戸口に見張りを立てた。翌日、人々は兵士たちをアーケード下のホテルに落ち着かせ、ホテル代を支払い、食事を用意した。夜になると一晩中、パリの東西、そして修道院の周囲とパレ・ロワイヤルの中に照明が設置された。

ブルジョワ、労働者、金持ちも貧乏人も、竜騎兵、軽騎兵、フランス衛兵も、皆が一緒になって歩いた。そして聞こえるのは、「国民万歳！」の叫び声だけである。皆、この友愛あふれる結合が生みだす興奮に、そして自由の未来に対する自分たちの初々しい信頼に身を委ねた。

兵士の反抗、破られた監獄、ヴェルサイユから見れば、どれもが不吉な様相を呈している。ミラボーはこの問題には触れず、パリ市民に節度を保つよう呼びかけた。結局、国王に寛大な措置を嘆願するしかないことを言明すべきであるということ（議会のとりなしを主張する者にとっては、少しも安心できない）に落ち着いた。

これが七月一日のことである。国王は二日、もし有罪の者が監獄に戻るならば、恩赦を与える用意があると、議会ではなくパリ大司教に充てて書いた。民衆はこの約束はかなり怪しいと見て、パリ市、そして選挙人のところに、信じるに値すべきものを聞きに行った。選挙人は、しばらく躊躇した。しかし民衆の要請は執拗で、人数も要請のたびに増えていった。夜中の一時、選挙人は、明日ヴェルサイユへ行き、恩赦を得ない限りは帰ってこないと約束した。彼らの約束を信じて解放された兵士たちは、自ら監獄へ戻り、やがて釈放された。

しかしこれで平和とはいえない。戦争の危機がパリを包囲している。外人部隊の全てがパリに到着した。彼らを指揮するために、老元帥ド・ブログリと、王妃が信頼する元ウイーン大使のブルトゥイユが召喚された。

こうした戦争の体制の全てが、ついに議会の目を覚まさせた。聞き届けられなかった平和のための上奏文を二十七日に読んでいたミラボーは、軍隊を遠ざけるための新たな上奏文を提案した。調和の取れた、響きの良い、過度に国王にへつらうことないこの文章は、議会の高い評価を得た。ミラボーの呼びかけの最良の部分は、これはブルジョア衛兵の要求でもあるが、軍隊を引き上げさせるという一点につきる。

最初にこの要求を出したのはパリの選挙人であったが、議会によって退けられた。彼らは精力的に、七月十日に再度この要求を取り上げたのである。

カーラはシイエス風の、極めて抽象的な論文の中で、不可侵の権利としての、コミューンの権利を提起した。そしてそれは君主制の権利以前にさえ存在するものであり、その権利はとりわけ自己防衛の権利を含むと彼は述べている。ボンヌヴィルは自分と友人フォーシェの名において、理論を実行に移すこと、いわゆる市町村共同体を暫定的に維持するコミューンのようなものの設置を検討することを求めた。さらにシャルトンは、パリ六十区が新たに結集すること、その決定を国民議会に伝えること、王国の他の大都市と良好な関係を築くことを望んだ。

これらの大胆な発議はすべて、市庁舎のサン・ジャンの大広間において、大勢の聴衆の立会いの下におこなわれた。パリは自らつくりあげたこの主権の下に、身を寄せ合っているように見える。パリは、他の何者も当てにしない。パリが望むことは、自らの主権に基づいて、組織し、武装し、自身で救済を保障する秩序をつくりあげることである。

国民議会の無気力が、パリには気がかりである。七月十一日、国民議会は上奏文に対する国王の回答を受け取ったが、それで満足した。しかし一体、どのような回答だったのか！それは、軍隊は議会の自由を保障するためにそこにいるのであって、もしそれが猜疑心を起こさせるのであれば、国王は議会をノワイヨンかソワソンに移動させるというものであった。そこは二軍団か三軍団のただ中である。ミラボーは、軍隊の退去を強く求めるというところまでしか行きつけなかった。聖職者と貴族の五百名の議員の結束が、議会を苛立たせたのは明らかである。議会はこの大問題をひとまず脇において、ラファイエットが提起した人権宣言に耳を傾け始めた。

穏健派の中の穏健派の博愛主義者ギヨタンが、この議会の平穏ぶりを、わざわざパリの選挙人集会に伝えに来た。誠実な男ではあるが、明らかに間違いを犯した。彼は全てがうまく運んでおり、ネッケルもこれまでになくしっかりしていると保証したのである。このすばらしい知らせに拍手が起こった。そして議会に劣らず騙されやすい選挙人たちは、折よくヴェルサイユからもたらされた素晴らしい人権宣言について、議会と同様に議論に没頭した。まさにこの日、好人物のギヨタンが話している頃、ネッケルは罷免され、すでにヴェルサイユを遠く離れ、ブリュッセルへと向っていた。

召喚の初日、まずブログリ元帥とブルトゥィユは、自分たちが直面している事態を知り、たじろいだ。ブログリはネッケルの罷免に否定的であった。ブルトゥィユは王妃に次のように言った。「それでは、十万の兵隊と一億フランを我々に与えてください」。「そのように計らいます」と王妃は答えた。そして秘密裏に紙幣が製造され始めた。

突然に召喚に面食らったブログリ元帥は、七十一歳という老齢も加わり、あちこち動きまわるだけでなにも出来なかった。命令とその取り消しがあちこちで交錯した。元帥の館が本部となり、事務、命令書、そして命令を携えて馬を走らせる副官で溢れた。そして「将官名簿が作成され、戦闘体制が整った」。

軍当局では、意見の一致はあまり見られなかった。少なくとも三人の司令官がいた。陸軍大臣になることが決まっているブログリ、現陸軍大臣であるピュイセギュール、そして八年のあいだ国内の諸地方の指揮権を握りながら、老元帥に服従することをそっけなく通告されたブザンヴァルである。ブザンヴァルは老元帥に、現在の状況、危険な点、そしてここが田舎ではなく、興奮が極度に達している、八十万の住民を抱えた都市と向かい合っていることを、説明した。ブログリは、彼の説明に耳を傾けようとはしなかった。

「七年戦争」を闘った自負心で凝り固まったブログリは、ブルジョアを軽蔑しきった、彼は粗野な武装集団としての兵士しか知らなかった。そして民衆とは、軍服を見るだけで逃げ去るものと思い込んでいた。ブログリは、パリに軍隊を送ることは必要ないと思っている。外人部隊の連隊がパリを包囲することで充分であると。それによって民衆の苛立ちが増大することには、気にかけないのである。

その厚い城壁でしっかりと守られているバスティーユは、スイス兵の増援を受け入れたところである。バスティーユは、弾薬と莫大な量の火薬を保有しており、それはパリ全体を吹き飛ばすことができるほどである。六月三十日いらい、塔の上に据えられた砲列がパリを睨んでいる。そして威嚇するように、装填済みの砲身を突き出している。

＊1　紀元前六十三年、ローマの共和制の転覆と執政官のキケロ殺害を謀ったが、事前に陰謀が露見し

政府軍との闘いで戦死した軍人・政治家。

＊2　四十年間にわたって入獄と脱獄を繰り返し、体験談を本にした。

第六章　パリの蜂起

危機に立つパリ。一七八九年七月十二日、暴発するパリ。活動停止のヴェルサイユ。軍隊の挑発。パリは武器をとる。七月十三日、国民議会が国王に上奏するが無駄に終わる。パリの選挙人たちが武装を許可する。市民衛兵の組織化。選挙人たちの躊躇。火薬を手に入れた人民が、銃を探し求める。宮廷の保安。

六月二十三日から七月十二日にかけて、人民の暴発に対する国王の脅しには、不可解な休止があった。ある観察者は、それは嵐のような日々で、重苦しく、陰鬱で、興奮と痛苦が夢想の中に同居し、幻覚と動揺に満ちていたと語っている。誤った警鐘、誤った情報が飛び交い、様々な作り話が流布した。人びとは知っているようで、確かなことは知らなかった。それでも全てを説明し、全てを推測しようとした。そして些末な事柄のなかに、重大な根拠を見出そうとさえした。いくつかの運動が、首謀者も計画もなく、ひとりでに始まった。民衆の心に蓄積した不信と、内にこもった怒りが表出したのである。敷石が焦がされ、土が焼かれて、その下で、すでに火山が鳴動しているのが聞こえるであろう。

最初の選挙人集会いらい、ボンヌビルが、武器を取れ！と叫ぶのを人びとは見てきた。パリの名士の集まりでも、調子外れの声で叫び、その場に倒れ込んだ。あちこちでざわめきが起こり、笑いも起こった。誰かが、「お若いの、君は二週間のあいだ、動議を出し続けるのだ」と予言者風に言った。すべて組織され、パリの各市門に配置された軍隊に対して、武器を取れ？この軍隊がパリを、いともたやすく兵糧攻めにしようとする時に、武器を取れ？すでに人々が欠乏を感じとっている時に？パン屋の前には、長蛇の列ができているという時に？・・・。青白くやつれて、ボロを纏った貧しい者たちが、旅用の長い杖をつきながら、近隣の田舎からパリのあらゆる市門を通って入ってきた。二万の乞食の集団がモンマルトルを占拠して、パリを見下ろしている。もしパリが運動を起こさなかったら、この、もうひとつの軍隊が降りてくる恐れもあった。すでにそのいくつかが、市門を焼き払い、略奪を試みていた。

宮廷が最初の攻撃に出ることは間違いない。宮廷にとっては、国王を良心のとがめや和平の気持ちから引き離し、いっさいの妥協を排除し、一気に始末をつけなければならない。そのためには、ぜひとも打ち負かさなければならないのである。ソンブルイ家とポリニャック家の若い軽騎兵士官たちはパレ・ロワイヤルまで出かけ、群集を軽蔑しサーベルを抜いた。明らかに宮廷は、自分が強いと信じ、暴力沙汰になることを願った。

七月十二日の日曜日、朝の十時まで、パリでは、まだ誰もネッケルが追放されたことを知らなかった。人びとが最初に知ったのは、パレ・ロワイヤルにおいて、貴族の扱いを受けていた者が脅されて口にしたからである。これが確認されると、人から人へと伝わり、怒りも広がった。そのとき正午を知らせるパレ・ロワイヤルの大砲が轟いた。「この砲声が人々の心に染み込ませる、不安と沈鬱なる感情を表現することはできない」と、新聞「国王の友」が書いている。カッフェ・フォアから出てきたひとりの青年が、テーブルの上に飛び乗った。カミーユ・デムーランである。彼は剣を抜き、拳銃を高く掲げながら叫んだ。「武器を取れ！シャン・ド・マルスのドイツ人兵が、今夜市民を虐殺するためパリに侵入しようとしている！帽章をつけよう！」デムーランは木から木の葉をとり、それを帽子に付けた。そこにいたみんなも同じようにした。木々はたちまちに裸になった。

「劇場もなし！ダンスもなしだ！今日は喪に服する日だ」。人びとは蝋人形の収納庫から、ネッケルの胸像を持ち出した。他の者たちもこの機会とばかりに、オルレアン公の胸像を見つけだし、ネッケルと並べた。人びとはそれに喪のベールをかぶせて掲げ、パリを行進した。棒、剣、拳銃、斧などで武装した列が、まずリシュリュー通りに出て、ついで大通りを曲がり、サンマルタン、サンドニ、サントノレの各通りへと進み、ヴァンドーム広場まで来た。広場に着くと、徴税請負人の館の前で、竜騎兵の分遣隊が民衆を待ち受けていた。そして襲いかかり、追い散らし、ネッケル像を壊した。ひとりの武器を持たないフランス衛兵が、断固としてそこにとどまり、殺された。

同じ日曜日、市門、すなわち徴税請負人の小バスティーユが、いたる所で民衆によって攻撃された。しかし守備隊の防御が手薄なところでは、民衆を殺害した。攻撃を受けた市門は、一晩中燃え続けた。

パリのすぐ近くにいる宮廷が、何も知らないことなどありえなかった。しかし命令も出さず、軍隊も送らず、動かずにいた。騒乱が大きくなり、暴動そして戦争になるのを待っているのは明らかである。レヴェイヨン事件はあまりにも早く終息し、議会を解散させるもっともらしい口実を与えなかったが、宮廷はその口実を手にしたかったのである。それゆえ宮廷はパリに十分な時間を与え、過ちを冒すのを待った。そしてヴェルサイユとセーヴルおよびサン・クルーの橋をしっかりと固め、パリとの連絡路の全てを絶ち、少なくとも、パリを飢えさせることができると確信している。宮廷を護衛している軍隊の三分の二はドイツ人兵である。案じるべきか？案じることなどない。ただフランスを失うだけのことだ。

パリ担当大臣（当時は一人いた）は、ヴェルサイユにとどまった。他の当局者は、警察中尉、パリ市長〔王政時代の——訳注〕のフレッセル、知事〔王政時代の——訳注〕のベルティエであったが、同様に何もしないように見えた。フレッセルは宮廷に召喚されていたが、赴くことはできなかった。しかしおそらく指示は受けていたであろう。

ブザンヴァル司令官は、責任をもたされなかった。ブログリの命令がないと何ひとつ行動できず、士官学校に所在なさそうに座っているだけである。フランス衛兵をあえて使う気のないブザンヴァルは、彼らを禁足状態に置き続けた。しかし彼は、他にもいくつもの部隊の分遣隊、そして待機中の三個連隊、つまりスイス人兵の一個連隊、ドイツ人騎兵隊二個連隊を手中にしているのである。午後になると騒乱が大きくなるように見たブザンヴァルは、配下のスイス人兵を大砲四門とともにシャンゼリゼに配置し、ルイ十五世広場で騎兵と合流させた。

人びとが家路につく日暮れ前の時間に、日曜日を楽しんだ群集が、シャンゼリゼを通って、チュイルリーを埋めた。多くは散歩をする無害の人々や、「騒ぎがあったので」早い時間に帰宅しようとする家族連れであった。しかし、ドイツ人兵が広場で戦闘態勢をとるのを目にした人びとは、動揺したままではいなかった。男たちはののしり、子どもたちは石を投げた。その時ブザンヴァルは、軽率な男にふさわしく、結局何もしなかったとヴェルサイユで批判されるのを恐れて、竜騎兵に民衆を追い払わせた。竜騎兵の連隊長であるランベスク公が、チュイルリーの中に入って来て、最初は並足で馬を進めていたが、椅子でつくったバリケードに行き当たり、そこから瓶や石が投げつけられたのに対し、数発の銃弾で応えた。ひとりの男が倒され、踏みつけられた。逃げようとした老人が、重傷を負った。

民衆は恐怖と憤怒の叫び声とともに、チュイルリーから逃げ出した。この暴力行為の話は、パリ中に広まった。それを聞いた人々は、武器業者のところへ走り、見つけしだい銃を奪った。それから市庁舎に行き、武器を要求し、警鐘を鳴らした。

市庁舎には、役人は誰一人としていなかった。夕方六時頃、数名の熱意ある選挙人がやってきて、大広間の一角を囲い自分たちの事務室とし、民衆を静めようとした。広間にはすでに群衆が押しかけていて、「武器だ！」と叫んだ。彼らは、パリ市に隠し武器庫があると信じている。群衆は歩哨を押しのけ、広間に侵入し、柵を押し倒し、選挙人たちを事務室まで追いやった。そこで、起こったばかりの数々の暴力事件について一気に話した。選挙人たちは、市の衛兵の武器の引渡しを拒否できなかった。すでに、人びとは武器を探しに行き、見つけ出し、手にしている。

選挙人たちは、この動きを認可したものかどうか、その責任の重さを前にして躊躇した。彼らは各区の招集のみを認めた。そして「武装市民の各部署に」選挙人の何人かを派遣し、「集会および暴力行為を先に延ばすよう、祖国の名において彼らに懇願した」。夜になって、集会および暴力行為は、極めて入念なやり方で始まった。兵舎を脱け出したフランス衛兵がパレ・ロワイヤルで隊を編成し、ドイツ人部隊に向けて行進し、仲間の仇をとった。大通りでも三名の騎兵を殺害し、次いでルイ十五世広場に行き、避難した人びとを見つけ出した。

七月十三日月曜、ギヨタン議員が、ついで二人の選挙人がヴェルサイユに行き、議会に「ブルジョア衛兵の創設に協力する」よう懇願した。議会は二つの代表団を派遣することを決めた。ひとつは国王へ、もうひとつはパリへ。議会が国王から受け取った返事は、素っ気なく冷淡なもので、流血が重なる現在の状況からは理解しがたい内容であった。曰く、「国王が講じた措置を変更することはできない。その必要性を判断するのは国王だけである。パリに議員がとどまることは、いかなる良い結果も生まない・・・」。議会は憤慨し、次のことを決めた。〈第一項〉ネッケル氏の追放は、国民の間に愛惜の念を巻き起こしている。〈第二項〉国民は軍隊を遠ざけることを強く求めている。〈第三項〉大臣たちだけでなく、いくつかの序列にある国王の助言者たちも、現在の不幸な状況に、個人的に責任がある。〈第四項〉破産という恥ずべき言葉を使う権利は、どのような権力にもない。第三項はおそらく王妃と王弟たちを指したもので、最後の項は糾弾である。議会はこのように威厳ある態度をとった。この夜、議会は分散、排除の脅威にさらされながら、軍隊の武装解除と、法以外の何者も支持しない軍隊を要求した。

議会がこの決議をした後、避難するところは一つしかなかった。それは議会自身であり、議会が占拠している議場だけであった。そこ以外に、世界中のどこにも自分たちの居場所はないのである。自宅に帰って寝ようとする者など、誰一人としていなかった。グレゴワールが代理の議長を務めた。臆する者を彼の大いなる勇気で力づけ、ジュ・ド・ポームを思い起させ、ローマ人の言葉を口にした。「もし世界が崩壊しても、崩壊は人を怯えさせることなく襲ってくるであろう」（ホラティウス歌集）

連続審議が宣言され、七十二時間休みなしで続いた。強力な法令の成立に少なからず貢献したラファイエットが、副議長に指名された。

しかしパリは、不安の頂点にあった。サントノレ街の人々は、軍隊が入ってくるのを目にする時が、刻々と迫ってくるように思われた。

この夜、武器を置くように説得に走り回った選挙人たちの努力もむなしく、全ての者が武装していた。クロアチア人兵やハンガリー人兵をおとなしく迎え、王妃に街の鍵を渡そうとするものは誰一人としていなかった。月曜日の朝の六時になると、パリの教会の、鐘という鐘が、続けざまに早鐘を打った。数人の選挙人たちが市庁舎に向かうと、すでに群集がつめかけていた。選挙人たちは、彼らをそれぞれの区に帰した。

八時、群集がなおも粘るのを見た選挙人たちは、ブルジョア衛兵は認められたが、まだ創設に至っていないと説明した。民衆は、相変わらず「武器を寄こせ！」と叫んだ。選挙人たちはそれに答えてこう言った。「たとえパリにいくらかの武器があるにしても、それを渡すことができるのは市長だけだ。よろしい。市長を探しに遣り給え！」

フレッセル市長はこの日、ヴェルサイユでは国王に、市庁舎では民衆に招喚されていた。民衆のこの招喚を断れないと思ったのか、パリにいた方が、国王のために尽くせると思ったのか。どちらにしろ、フレッセルは市庁舎に出向いた。グレーヴ広場に着くと、拍手が起こった。そこでフレッセルは父親然として語った。「君たちが満足するように取り図るつもりだ」。

パリの軍隊はまだ存在しなかった。しかし人びとは、誰を将軍とするかをすでに議論していた。選挙人の議長であるアメリカ人のモロー・ド・サン・メリーが、ラファイエットの胸像を指差すと、大きな拍手が沸いた。二人目の司令官候補は、ラ・サル侯爵である。信頼できる軍人で、愛国的な作家でもあり、献身と思いやりに満ちていた。

これだけで相当な時間を費やした。民衆は焦燥に身を震わせ、武装を急いだ。しかし理由のないことでもなかった。モンマルトルの丘に住み着いた乞食が、鋤を捨て街に下りてきた。見知らぬ、ならず者の巨大な塊が動いたのである。田舎の想像を絶する窮乏が、至るところから飢えた住民をパリの方へ追いやった。飢餓がパリを占領した。

朝から、サン・ラザールに小麦があるという噂を聞きつけた群衆が詰めかけ、事実、大量の小麦粉を見つけた。それは善良なる神父たちが貯蔵していた小麦粉を、五十台を超える荷馬車に積んで、中央市場に運ぼうとするところであった。襲撃者たちは全てを破壊し、小麦粉を口に入れ、家の中にあった飲み物を口にした。こうして運ぶものは、なにひとつ残っていなかった。襲撃を最初に試みた者を、民衆が自らの手で縛り首にした。

サン・ラザール監獄の囚人たちが逃亡した。ラ・フォルス監獄の囚人たちも解放された。シャトレー監獄では、罪人たちがこの好機をなんとか利用しようとして、すでに扉を打ち壊しているところであった。門衛が通行人の一団に助けを求めると、彼らはそれに応じた。そして反抗する者にたいしては発砲し、囚人を秩序の下に復帰させたのである。持ち去られた保管庫の武器は、誠実にも、後になって元のところに戻されていた。

もはや武装を先延ばしにできなくなった選挙人たちは、制限しようと試みた。六十区が各々に選挙をおこない、各区で選ばれた二百名の者が武装し、残りの者はすべて、武装を解除することになる。一万二千名の立派な軍隊である。秩序維持には申し分ないが、防御にはあまりにも非力である。パリは降伏することになるだろう。その日の午後、パリの民兵を四万八千名とし、パリの市章の色を青と赤にすることが決まった。この布告はその日のうちに、全ての区において追認された。

昼夜にわたり公共の秩序を保つための、常任委員会が選出された。常任委員会は、選挙人によって構成された。なぜ選挙人だけなのか?とひとりの男が前に出てきて訊ねた。では、あなたは誰を指名して欲しいのか?――私だと彼は答えた。男は拍手喝采で指名された。

そのとき市長が、意を決したように重要な質問をした。誰に対して宣誓するのか?市民の議会だ、と選挙人のひとりが力強く言った。

食糧の問題は、武器の問題と同様に差し迫っている。選挙人に呼び出された警察中尉は、食糧の到着については、自分は何も関わっていないと言った。

市は、出来得る限り、食糧の調達に備えなければならなかった。パリの周辺は、すべて軍隊によって占拠されている。食糧を運んでくる農民や商人は、危険に身をさらしながら、ドイツ語しか話さない外国兵の宿駅や野営地を通過する。そして無事に着いたとしても、なお市門を通過するときに、多くの困難にぶつかるのである。

パリは、飢餓で斃れるか、乗り越えるか、それも一日を乗り越えるかである。どのようにすれば、この奇跡を期待できるのであろうか？市中においてさえ、敵がいるのである。バスティーユにも、士官学校にも、そして全ての市門にも敵がいる。フランス衛兵は兵舎の中に留まり、ごくわずかの兵を除いて、まだ意を決するまで到っていない。奇跡はパリ市民が単独でもたらすなど、口にするだけでも馬鹿らしい。パリ市民は、おとなしく、ひ弱で、人の好い国民として知られている。この人民が、これがとつぜん軍隊に、それも鍛え上げられた軍隊になるなど、全くあり得ないことだ。

選挙人は、彼らの肩にのしかかっている過大な責任を、これ以上重くしたくなかった。彼らは十二日以来、パリを統治しているが、それは選挙人の資格においてか？選挙人の権限は、そこまで及ぶのか？ブログリ老元帥が今にも、自分の軍隊を丸ごと引き連れて、釈明を求めてやってくるのではないかと、彼らは常に考えていた。彼らが長いあいだ躊躇したり、態度が曖昧だったのは、そこから来るのである。そこから人々のあいだに疑念が生じ、彼らのなかに重大な障碍を見つけ、彼らなしで事を進めようとするのである。

正午ころ、ヴェルサイユに派遣された選挙人たちが戻ってきた。彼らは、国王の威嚇的な回答と議会の政令を持ち帰った。

どうやら本気で戦争を始めるつもりだ。派遣された選挙人たちは道々、緑の帽章を目にした。アルトワ王弟の色である。そして騎兵隊、オーストリア軍の白いマントで身を包んだドイツ人部隊の全隊が道路に屯している中を通り抜けてきたのである。

事態は深刻である。物量的には、望みはほとんどない。しかし気力だけは漲っており、誰もが、刻々と胸の中に湧き上がってくるのを感じている。皆、戦闘に身を捧げようと市庁舎に来た。それは同業組合であり、また多数の志願兵を組織した地区であった。火縄銃の会社は、助力を申し出た。外科の学校が駆けつけた。裁判所の書記組合は、前衛で闘うことを望んだ。この青年たちは、最後の一人になるまで闘って死ぬと誓った。

闘う？しかし何で？武器も、銃も、火薬もないというのに。

武器庫は空だったという話である。人びとは不満を抱えたままでいる。少し経って、近くで歩哨をしていた傷痍軍人とかつら師が、大量の火薬が運び出されるのを目撃した。それは、ルーアン行きの船に積み込むものであった。二人は市庁舎に走り、選挙人たちに火薬を運んでくるように迫った。一人の勇敢な神父が火薬を見張り、人々に分配するという危険な任務を引き受けた。

選挙人たちは各地区に、五万本の槍を作る許可を与えた。槍の鍛造は三十六時間でできた。しかしこの突貫の作業も、目下の危地を前にしては長すぎた。その夜、すべてが解決した。夜になって、廃兵院に巨大な武器庫があることが分かった。もはや不足しているのは銃だけである。

宮廷は、国民議会の解散という既定の一点を除いて、全ての点で全員が不一致である。それはまた、宮廷の誤解に起因している。この巨大な運動に、わずかでも陰謀が作用したと見ているのである。パレ・ロワイヤルが全てを為し、オルレアン公が全てをまかなったと信じた・・・。それではオルレアン公は、百万人もの人間を買収したのか？同じ時期に課税の拒否を宣言したリヨンやドフィネの蜂起にも、金を出したとでもいうのか？武器をとったブルターニュの諸都市にも金を出したのか？レンヌでブルジョアに発砲することを拒否した兵士たちにも金を払ったのか？

オルレアン公の胸像が意気揚々と担ぎ上げられたのは事実である。しかし彼自身はヴェルサイユに来て、政敵とよりを戻し、他人と同じかそれ以上に、この暴動を恐れていると公言したのである。彼は宮殿に泊まるように懇願された。全ての陰謀の張本人を押さえることで、宮廷は不安を少しでもなくしておきたかったのである。軍事の全権を委ねられている老元帥は、今のところ軍隊をうまく展開させ、国王の安全と、誰も気にもとめないヴェルサイユの防衛を維持している。そしてパリの取るに足らない硝煙など、ひとりでに収まるものと放っておいた。

第七章　バスティーユの奪取

バスティーユ攻略の難しさ。バスティーユ攻撃は人民の考え。バスティーユに対する人民の憎悪。バスティーユ奪取を知った世界の歓喜。―アンヴァリッド（廃兵院）での銃の略奪。防御を固めるバスティーユ。バスティーユに降伏を促すチュリオ。無益に終わった選挙人の数度にわたる代表団派遣。最後の攻撃、エリーとユラン。遅延のおそれ。裏切られたと思った人民が、市長と選挙人を脅す。市庁舎における勝利者たち。バスティーユはいかに降伏したか。司令官の死。死刑に処せられた捕虜。恩赦を受けた捕虜。人民の寛大さ。

組織された政府、国王、大臣たち、将軍、軍隊のいるヴェルサイユは、躊躇、不信、曖昧さ以外の何ものでもない。まさに精神的混迷が極まった状況にある。

混乱の中にあって、もはやいかなる法的な権威も存在せず、明らかに無秩序が支配するパリは、七月十四日を迎えた。この日、道徳的に最も徹底した秩序、すなわち精神の一体性を手にしたのである。

七月十三日、パリは自らを守ることしか頭になかった。それが十四日になると、攻撃に出た。十三日の夜には、まだ迷いがあった。朝になると、もはやその欠片もなかった。夜は騒擾が各所で起こり、無秩序な怒りに満ちていた。朝を迎えると、晴れ渡り、見事なまでの平穏が支配した。

太陽とともに一つの観念がパリの上に現れ、人びとは同じ光を見た。精神の中に一条の光が射し込み、そしてひとつの声が各々の魂に呼びかけた。「行け、そしてバスティーユを奪うのだ！」

それは不可能だ。馬鹿げた考えで、話にもならない・・・。にもかかわらず、皆がそれを信じた。そしてそれを成し遂げたのである。

バスティーユは古い要塞であったが、それでもなお難攻不落であった。多数の大砲で数日間攻撃しない限り、奪取は不可能である。人びとはこの難局に臨んで、正攻法で攻囲する手段も時間も、持ってはいなかった。仮に攻囲できたとしても、バスティーユにはごく近くから援軍が駆けつけて来るまでの食糧は充分にあったし、弾薬も大量に有していたので、なんの不安もないのである。バスティーユの塔の外壁は、頂上で三メートル二十五センチの厚さがあり、下部は十メートルあるいは十三メートルである。長時間砲弾を撃ち込んだとしても、びくともしない。そしてバスティーユの大砲が、パリに向けてひとたび火を噴けば、マレーやサン・タントワーヌ街のすべてを破壊できるのである。塔は、小さな十字型や銃眼が穿たれて、鉄格子で二重、三重に覆ってあり、守備隊は危険に身をさらすことなく、攻撃する者を情け容赦なく殺戮することができた。

バスティーユの攻撃は、道理からは全くありえない。言わば、信念が命ずる行為なのである。呼びかけた者は誰もいない。しかし誰もがそう思い、そして誰もがそのように行動した。通りや河岸を行進し、橋を渡り、大通りに出て、群集は他の群集に叫んだ。「バスティーユに行こう！バスティーユだ！・・・」。そして誰もが、早鐘の音に混じって、「バスティーユへ！」という叫びを聞いた。

繰り返すが、けしかけた者は誰もいない。パレ・ロワイヤルのおしゃべり連中は、追放者のリストをつくり、王妃、ポリニャック夫人、アルトワ王弟、市長のフレッセル、その他の者を死刑にするかどうかを裁くことで時間を潰していた。バスティーユの勝利者の名前には、こうした発議に耽る者など一人もいなかった。パレ・ロワイヤルは、出発地点ではなかった。勝利者が戦利品とともに囚人を連れてきたのも、パレ・ロワイヤルではない。

市庁舎に陣取る選挙人たちも、攻撃する考えなど持ってはいない。それどころか、攻撃を食い止めるために、バスティーユが人民をいともたやすく虐殺するのを未然に防ぐために、もし大砲を引っ込めるならば攻撃しないと、司令官に約束までしたのである。選挙人たちはそのことを非難されたが、決して裏切った訳ではなかった。信念を持ちきれなかったのである。

誰が信念を持っていたのか？自らの信念を貫くために、献身と勇気をもっていた者である。それは誰か？人民であり、全ての人である。

数世紀に相当する、この前例のない半世紀の間に起こった全てのことを、喜びそして苦悩とともに目にしてきた老人たちは、今、次のように断言する。あの国民的な偉業に続く、共和制や帝政の下で起こったことの全ては、一部の者のためのものであり、全員一致のものではなかった。七月十四日のみが、人民全体の日であったと。それ故にこの日は偉大な日として、人類の永遠の祭典のひとつとして生き続けているのだ。解放の最初の日としてだけではなく、融和においても至高の日であったが故に！

誰も眠らなかったこの短い夜に、意見の相違やためらいがすべて闇とともに消え去り、皆がひとつの考えをもつに至るまで、いったい何が起こったのか？

パレ・ロワイヤル、市庁舎で起こったことについては、人びとは知っている。しかし人びとの各家庭で起こったことこそ、我々が知るべきことであろう。

翌日に起こったことから、かなりのことは察せられる。おのおのが心の中で、過去について最後の審判を下したのだ。攻撃を前にして、過去にたいして永遠の有罪を宣告したのである。この夜、歴史が、人民の復讐本能に刻まれた長い苦悩の歴史が蘇った。幾世紀ものあいだ沈黙のうちに苦しみ、死んでいった父祖たちの魂が、息子たちの心の中に蘇って語ったのだ。

強い意志の男たちよ、我慢強い男たちよ、今まであれほど平和を愛していながら、この日、――運命の一撃を与えることになる男たちよ。あなたがいなくなると収入の道が閉ざされる家族を目の前にしても、あなたの心が挫けることはない。いや、それどころか、この日がその運命を決しようとするのだと、子どもたちの寝顔をもう一度見つめた時、感情が高まり、やがて揺りかごから這い出てくる自由の世代を抱擁した。そしてこの日こそ、未来のための闘いの全てになると感じたのだ！・・・。

未来と過去はいずれも同じ答えを出し、言った。「行け！・・・」

そして時間を超え、未来と過去を超えた、不変の権利も同様に言った。

公正であろうとする不滅の意識は、動揺する心に揺るぎない安定を与えた。そして公正はこう言った。「さあ、落ち着いて。君にとって何が大切なのだ?君に何が起ころうと、それが死であろうと勝利であろうと、君には私がついている！」

ところでバスティーユは、この人民にとって何であったのか?人民と呼ぶことができる者は、ほとんどバスティーユには投獄されなかった・・・。しかし公正は人民に語りかけた。そして、さらに強く心に語りかけた声があった。それは人類愛の声であり、慈悲の声である。このやさしい声は弱々しそうに見えて、すでに十年ものあいだ塔を倒壊させようとしてきたし、バスティーユを土台からぐらつかせたのである。

もしバスティーユを崩壊させた功績を挙げるとしたら、それは誰よりも、世界の全ての権力を敵にまわして、長い間ラチュード[*1]の解放のために力を尽くした勇敢な女性[*2]のものである。王権は拒否したが、国民はラチュードの恩赦を奪い取った。そしてこの女性は、あるいは英雄と言っていいが、公衆の式典において戴冠したのである。いわば国の牢獄をこじ開けた、この女性が戴冠するということは、すでに国の牢獄に汚名の烙印を捺し、民衆の憎悪を駆り立てるのに貢献し、人びとの意識と願望において打ち壊したということなのである・・・。この女性が、すでにバスティーユを奪取していたのだ。

それ以来、塔の陰になったこの繁華な通りを往来する人びとの中で、バスティーユを呪わない者は一人としていなかった。バスティーユは、確かにこの憎悪に値した。他にもいくつもの牢獄があるが、バスティーユは、恣意的な自由裁量がゆるされ、放漫な専制がまかり通り、聖職者と官僚による尋問がおこなわれる牢獄であった。この時代、著しく信仰心を欠いていた宮廷は、自由な精神をバスティーユに押し込め、思想の牢獄にしていた。

ルイ十六世治下においては、バスティーユに収容された囚人は多くはなかったが、過酷さを増していた（たとえば、囚人から散歩を取り上げていた）。過酷さは増したが、不正は減ることはなかった。こんなことを言わなければならないとは、フランスのために赤面するのであるが、ある囚人の罪は、わが国の海軍に有益な機密を提供したことであった！　他所へも提供するのではないかと危惧したのである。

世界中が、バスティーユを知っていたし、また憎んでいた。バスティーユと専制政治は、すべての言語において同意語であった。すべての国の国民が、バスティーユが破壊されたと知って、自分が解放されたように感じた。

ロシア、この神秘と沈黙の帝国、ヨーロッパとアジアの間に位置するこの巨大なバスティーユにこの知らせが伝わるや否や、帝国のあらゆる民族の人びとが、広場で歓声をあげ、涙を流した。彼らは互いに抱擁し合い、この知らせについて語り合った。「どうしてうれし泣きをせずにいられようか？バスティーユが奪取されたのだ！」

この偉大な日の朝、人民はまだ武装していなかった。

昨日、武器庫から奪って市庁舎に運び込まれた火薬は、夜になってわずか三人の男によって少しずつ分配された。この分配作業は二時頃、しばらくのあいだ中断した。絶望的になった群集が、ハンマーで弾薬庫の扉を打ち壊した。ハンマーが釘の上に打ち落とされる度に、火花が散った。

銃がない！廃兵院に走って、銃を奪ってこなければならない。これは極めて危険を伴う。廃兵院は、たしかに開放された建物である。しかし老齢ではあるが、剛勇の軍人である長官のソンブルイユが、手持ちの軍隊の他に、あらたに強力な砲兵の分遣隊と大砲を受け入れていた。これらの大砲が少しでも働いていれば、ブザンヴァルが士官学校に配置している連隊によって、民衆は側面攻撃を受け、たやすく追い払われたであろう。

この外国人兵の連隊は、出動を拒否したのであろうか？ブザンヴァルがそれについて何を言おうが、それを疑う余地はあるのだ。より明らかなことは、ブザンヴァルが命令を出さずにいたことである。さんざん迷ったあげく、茫然自失の状態になっていたのだ。その朝五時に、彼は奇妙な訪問を受けた。血色の乏しい、しかし燃えるような目をした男が入ってきた。男は早口で、言葉を短く区切り、不敵な態度で話した・・・。このもったいぶった老人は、旧体制において は、もっとも凡庸な士官であった。しかしよく見ると、その顔は勇壮かつ冷静さに満ち、立派な風貌をしていた。「男爵閣下、抵抗しないように、あなたに忠告せねばなりません。今日、いくつかの市門が焼き討ちに遭うでしょう。それは確かなことです。ですが、私には何も出来ません。閣下、あなたもです。それを阻止しようとしてはなりません」。

ブザンヴァルは怯えたわけではなかった。しかし少なからず衝撃を受けた。士気に影響を受けたのである。「あの男に、なぜか解らぬが、説得力のようなものを感じた。私は彼を逮捕させるべきであったが、何もできなかった・・・」と語っている。アンシャン・レジームと「革命」が向き合い、そして「革命」が相手を麻痺させたのである。

まだ九時前である。しかしすでに三万人の群集が、廃兵院の前にいた。前列にパリ市の代訴人がいるのが見えた。選挙人会は、あえて代訴人を拒否しなかった。そして兵舎を脱け出してきたフランス衛兵隊の中隊が、いくつか目についた。真ん中あたりに、古びた赤い服を着た司法書士の修習生の姿も認めることができる。そして教会で開催された集会で議長に指名された、サン・テティエンヌ・ドュ・モンの主任司祭もいた。この主任司祭は、この武装した群集を指揮する危険な役割を辞退しなかった。

老ソンブルイユは、駆け引きに長けた軍人である。彼は鉄柵のところまで出てきて、「銃は確かにある。しかし自分はその保管を任されている。軍人として、そして紳士としての微妙な立場にある自分には、裏切ることが許されない」と言った。この思いもかけない理屈に、群集は俄かにたじろいだ。この革命の幼児期における人民の、感嘆すべき純粋さである！ソンブルイユは付け加えた。「ヴェルサイユへ手紙を書いて、返事を待っているところだ。これはひたすら、市庁舎とパリ市全体にたいする敬愛と友情を表明するものである」。

大部分の者は、待とうとした。しかし幸いにも、ここに気兼ねなど意に介しない男がいた。彼が、民衆が欺かれるのを阻んだ。無駄にする時間はない。それに、ここにある武器が国民のものでないとしたら、一体誰のものなのだ？・・・。群衆は濠を跳び越え、廃兵院は侵入者で溢れた。地下室で二万八千丁もの銃が見つかり、二十門の大砲とともに持ち出された。

これが、九時から十一時までに起こった全てである。さて、我々もバスティーユへ向おう。

司令官のド・ローネイは、十三日夜の二時から戦闘態勢をとり、慎重の上に慎重をかさねた。塔上の大砲に加えて、武器庫にあった大砲を中庭に据え、散弾を装填した。また攻撃する者たちを圧し潰すため、荷車六台分の敷石、砲丸、くず鉄を塔の上に運ばせた。下方の銃眼には、七百五十グラムもの弾を撃つことができる、城塞用の大型銃十二丁を配備した。地上には最も信頼のおける兵士、すなわちフランス人を銃撃することになんのためらいもないスイス人兵三十二名を配置した。八十二名の廃兵は、その大部分を塔の上の、門から遠いところに、分散させた。ド・ローネイはまた、城塞の下部を迫り出すように覆っていた建造物を撤去させた。

十三日は、通行人たちがバスティーユに向かって罵るのが聞こえた以外は、何事もなかった。

十四日の午前零時ごろ、七発の銃弾が塔の歩哨に向けて発射された。警戒せよ！司令官は参謀と塔に駈け上り、そこで三十分ほど、遠くから聞こえる音に耳を澄ました。しかしそれ以上は聞こえず、塔から下りた。

朝になると、群衆が大勢集まっていた。そして若者たちが続々と駆けつけてくる（パレ・ロワイヤル？あるいは他処からか）。彼らは、武器を渡せと叫んでいる。その要求は無視された。十時ごろ、市庁舎から派遣された穏健な使節団が、面会が許され、内に通された。使節団は司令官に、大砲を引っ込めるよう求めた。そしてもし大砲を撃たなければ、こちらも攻撃はしないと約束した。大砲を撃つ命令は受けていない司令官は、快く承諾した。そして満足げに、代表団に一緒に昼食をとるよう強く求めた。

彼らが外に出ると、一人の男が到着したところであった。その男は、代表団とは全く違った調子で話した。

荒々しく大胆、無遠慮で、恐れも憐憫も持ち合わせておらず、革命の特性である怒りっぽさが植えつけられたこの男には、どんな邪魔だても時間稼ぎも通用しない・・・。彼はバスティーユに、降伏の催促に来たのである。

男とともに恐怖が入ってきた。バスティーユは恐れた。司令官はなぜだか自分でもわからないまま、動揺し口ごもった。

男の名はチュリオといい、凄まじいほどに猛々しい。ダントンの系列である。我々は二度、革命の最初と終わりに、この男と出会う。彼の言葉は、二度とも死に関わる。彼はバスティーユを殺し、ロベスピエールを殺した。

チュリオは橋を渡ってはならなかった。司令官が許可しなかったのだ。しかし彼は橋を渡った。最初の中庭を、またたく間に突き抜けた。そして二度目の拒否にあった。ここも通過した。二つ目の濠を、跳ね橋を使って渡った。そこで三つめの中庭を塞ぐ、大きな鉄柵に突き当たった。中庭というより、八つの塔がそこで互いに連結する巨大な竪坑のようなもので、隔壁によって囲まれていた。これらの不気味な巨塔は、中庭からは見えないようになっていた。窓がほとんどなかったのである。塔の足の部分は塔の陰になっていて、その暗い空間が、囚人が散歩する唯一の場所であった。囚人は巨大な石塊に圧倒されながら、深淵に迷い込んだように、壁の冷ややかに露出した部分に向けて目を凝らすしかなかった。ひとつの方角に時計が見えた。鎖で繋がれた二人の囚人の鉄製の像が、文字盤の両側に置かれていた。それは、ただでさえ遅い時の歩みを、さらに遅くするかのように見えた。

そこに装塡済みの大砲が置かれ、守備隊と参謀がいた。

チュリオを威圧するものは何もない。「司令官殿。私は、人民の名において、名誉と祖国の名において、大砲を引っ込めること、バスティーユを明け渡すことを、あなたに勧告する」と司令官に言った。そして守備隊の方を向いて、同じ言葉を繰り返した。

もしド・ローネイが真の軍人であったならば、こうして使者を城塞の中心部まで入り込ませなかったであろう。まして守備隊にたいする演説などもっての外である。しかしバスティーユの士官たちの大部分が、警察副長官の恩恵によって士官になったということに注目しなければならない。一度も軍務に就いたことのない者さえ、サン・ルイ騎士団十字章を身につけているのである。司令官から皿洗いにいたるまで、全員が今の地位を買い、利益を得ている。司令官は六万リーヴルの俸給の他に、着服によって毎年の俸給に匹敵する額を手にする方法を見つけた。つまり囚人たちにかかる費用の一部を、自分の家族の扶養に回しているのである。囚人の暖房を切り詰め、彼らのワインや粗末な家具までも儲けの種にしているのだ。

そして冷酷非道にも、ド・ローネイは、バスティーユの稜堡につくった小さな庭を、庭師に貸しているのだ。このわずかな稼ぎのために、そこでの散歩を囚人から取り上げた。ついで塔の上での散歩も禁止した。すなわち大気も光も奪ったのである。

ただ一つのことが、この卑劣で貪欲な精神から意気地を奪っていた。ド・ローネイは、自分が名の知れた存在であることを知っていた。ランゲ[*3]の恐怖の回想録によって、彼はヨーロッパ中で有名になっていたのである。バスティーユはたしかに憎まれていた。しかし司令官は、個人として憎悪の対象になっていた。人びとの激しい怒号を聞いたド・ローネイは、それが自分に向けられていると思った。そして不安と恐怖が、彼を襲った。

チュリオの言葉は、スイス人兵とフランス人兵とでは、異なる作用をした。スイス人兵は、彼の言うことが理解できなかった。スイス人兵の隊長ド・フリューは、戦い抜く決意である。しかし参謀、そして廃兵たちは動揺した。これらの老兵たちは、町の人びとと日頃から親しくしているので、銃撃する気は少しもない。こうして守備隊は分裂した。分裂した二つの集団はどうするか?もし彼らの意見が一致しない場合は、互いに撃ち合うことになるのか?

沈痛な面持ちの司令官は、弁明するような口調で、パリ市と合意したばかりの内容について話した。そして、もし攻撃されなければ戦闘を始めないことを自ら誓い、守備隊にも誓わせた。

チュリオは、それで満足しなかった。塔の上に登って、実際に大砲が引っ込められているかを確かめたいと言った。今になって、彼をこれほど奥まで侵入させてしまったことを後悔していたド・ローネイは、それを拒んだ。しかし彼の士官が急き立てるので、しかたなくチュリオとともに登った。

大砲は引っ込められ、覆いがしてあったが、砲身は外に向けられていた。この八メートルの高みに立つと、広大な視界が開け、鳥肌が立つほどであった。道路も広場も、人々で溢れている。そして武器庫の庭は、武装した人びとで埋まっている・・・。しかし別の方角に目を移すと、黒い集団が行進してくる・・・。サン・タントワーヌ街の付近である。

司令官は青くなった。そしてチュリオの腕をつかんで言った。「君は何をしたのだ?君は使者の肩書きを悪用したのだ!君は、私を欺いたのだ!」

二人とも塔の縁にいた。しかし塔の上では、ド・ローネイには歩哨がついている。そしてバスティーユにいる者は皆、司令官に宣誓した。城塞の中では、司令官が王であり、法である。彼はまだ報復することができるのだ・・・。

ところが、チュリオが彼を恐怖に陥れた。「司令官殿、それ以上お話になると、我々ふたりのうち、どちらかが濠に落ちることになりますぞ」。

その時、司令官と同じように動揺した歩哨が近寄ってきて、チュリオに話しかけた。「お願いですから、下の者に姿を見せてください。ぐずぐずしている時間はない。ほら、こちらに向って来る・・・。あなたの姿が見えないと、攻撃してきます」。

チュリオは、銃眼から顔を出した。毅然として、無事塔の上まで登ったチュリオを見た民衆からは、巨大な歓喜のどよめきと、ついで拍手喝采が起こった。

チュリオは司令官と降りてきて、再び中庭を通り、守備隊に話しかけた。「私はこれから報告をしに行く。あなた方とともにバスティーユを守る市民衛兵をこちらに寄こしても、人民がそれを拒むことはないと私は思う」。

民衆は、チュリオが出て来たときに、バスティーユに入ろうと思っていた。

チュリオが市庁舎へ報告に行こうとするのを見た民衆は、それを裏切りと捉えて、彼を脅した。忍耐が怒りまで達したのである。群衆は、捕らえている三人の廃兵を八つ裂きにすると言っている。司令官の娘だという若い女も捕らえていた。もし司令官が降伏しなければ、彼女を焼き殺そうと言う者もいた。他の者たちが、娘を彼らの手から引き離した。「もしバスティーユが、日が暮れる前に落ちなかったら、我々はどうなるのだ?」という声がした。サンテールという太った男が、これは城外の街が指揮官に指名したビール問屋であるが、撫子とスパイクの油を注ぎこんで、広場を燃やそうと提案した。これは前の日に手に入れたもので、燐で火をつけるつもりだろう。彼は噴射用のポンプを探しに行かせた。

むかし兵士であった一人の車大工が、この無駄話につきあいきれないと、決然と仕事にとりかかった。彼は斧を手にして前に進み、最初の跳ね橋がある近くの、小さな守備隊詰め所の屋根に登った。そして霰のように弾丸が飛んでくる中を黙々と作業し、鎖を断ち切り、橋を落とした。民衆は橋を渡り、中庭へ入った。そのとき塔の上から、そして下方の銃眼から、同時に銃撃が始まった。攻撃に出た民衆の大勢が倒れた。しかし守備隊側の負傷者は一人もいなかった。この日、民衆が発砲した全ての弾のうち、命中したのは二発のみである。そして守備隊の死者は1名であった。

負傷者が市庁舎に運び込まれた。流血を嘆いた選挙人委員会は、戦闘を止めさせたいと思った。もはや手段は一つしかない。それはパリ市の名において、バスティーユに降伏を勧告することであり、市民衛兵を中に入れさせることである。市長は大いに迷ったが、フォーシェが強く主張した。他の選挙人も、市長に迫った。市の代表団がバスティーユへ派遣されたが、火と硝煙の中で、彼らに気づく者すらいなかった。バスティーユも民衆も銃撃を止めないのである。代表たちは窮地に立った。

新たに組織された代表団が、パリ市の代訴人を先頭に、太鼓をたたき、旗を掲げて広場に現れた。塔の上にいた兵士たちは、白旗を掲げ、銃を逆さにした。民衆は発砲を止め、使節団の後に続き中庭に入っていった。中庭に着くなり凄まじい銃撃が彼らを迎え、代表たちの傍らで何人もが倒れた。おそらくド・ローネイとともに下にいたスイス人兵は、廃兵が民衆に示した白旗に注意を払わなかったにちがいない。

民衆の怒りは頂点に達した。司令官が、民衆を中庭におびき寄せ、銃撃しようと構えているという噂が朝から流れていた。彼らは二度欺かれたと思っている。そして命を落とすか、欺いた者たちに仕返しをするかだと腹をくくった。そして彼らを呼び戻そうとする者たちに向って、感情を爆発させたように叫んだ。「俺たちの屍は、すくなくとも堀を埋めるのに役立つだろう！」彼らは決して怖じけることなく、一斉射撃に向って、塔の殺人者に向って、かたくなに足を進めた。死骸の山を築けば、塔を倒すことができると信じながら。

しかしこの時、まだ何も手を出さないでいた、人情味のある多くの人々のあいだにも、あまりにも力の差がありすぎて、単なる殺人でしかないこの戦闘に対する怒りが、しだいに増してきた。そして戦闘に加わる気になったのである。もう誰も、フランス衛兵を引き止めることはできない。彼らは民衆の側に立つことを決意した。そして、パリ市が指名した指揮官たちに会いに行き、彼らに五門の大砲を引き渡すよう迫った。二つの隊が組織された。ひとつは労働者と市民の、そしてもうひとつはフランス衛兵の縦隊である。一つ目の隊は、英雄にふさわしい体力をもつ、長身の青年ユランが隊長を引き受けた。ジュネーヴの時計職人だったが、コンフラン侯爵の猟師を兼ねた使用人となった。彼が軍服代わりに着ているのは、おそらくハンガリーの狩猟服であろう。隷属の制服が、人民を自由の闘いへと導く。もうひとつの隊の隊長は、王妃付き連隊の臨時士官であるエリーである。初め私服を着ていたが、まばゆいばかりの軍服に着替えた。その勇姿は、味方だけではなく敵の目も惹きつけた。エリーの隊の中に、称賛すべき勇敢さ、若さ、そして純粋さをもったひとりの兵士がいた。まさにフランスの栄光を体現しているようなマルソー青年は、戦うことのみに満足し、勝利の栄光に対して、名誉はなにひとつ求めなかった。

彼らが到着したとき、事態は少しも進展していなかった。人びとは、わらを積んだ荷車三台を突っ込んで、火を放ち、兵舎と厨房を燃やした。もはや何をしたらよいのか解らなかったのである。失望は市庁舎も覆った。人びとは市長や選挙人を非難し、彼らにバスティーユの包囲を命じるよう脅迫した。しかし命令を引き出すまでは到らなかった。

要塞を奪取するための、奇想天外な手立てのいくつかが、選挙人に提案された。ひとりの大工は、木工の建造物を採用するよう勧めた。城壁に石を飛ばす、ローマ時代の弩砲である。市の指揮官たちは、正攻法で塹壕を掘るべきだと述べた。無駄な議論が長々と続いているところに、誰かが、奪ってきたばかりの書状を読み上げた。ブザンヴァルがド・ローネイに宛てたもので、そこには最後の瞬間まで死守せよと書きつけてあった。

最大の危機にあって、時間の浪費と遅延に対する焦燥は、絶えずもたらされる虚報によるものであったことを理解すべきである。宮廷はバスティーユへの攻撃が正午から始まったことを二時には知らされた。この機会と捉えて、彼らのスイス人兵とドイツ人兵をパリに差し向けるだろうと、人々は推測した。士官学校にいる外国人兵は、出撃することなく終わるのか?それはありえない。ブザンヴァルが、自分の軍隊にあまり信用を置けないと言うのは、どうやら言い訳のように見える。スイス人兵は、バスティーユにおいて断固とした決意を示した。彼は虐殺の現場に現れている。ドイツ人竜騎兵は十二日に、フランス衛兵に幾度も銃撃を加え殺した。そしてフランス衛兵も竜騎兵を殺した。部隊同士の憎悪は、彼らの忠誠心を強固にするのである。

敷石が剥がされたサン・トノレ街は、攻撃の時が刻一刻と近づいているのを感じているようである。ラ・ヴィレットも同じ不安の中にあった。そして事実、一個連隊が街を占拠するためにやってきたが、もはや手遅れである。

　全ての遅滞は、裏切りの所為だと捉えられた。市長の逡巡は疑念を深めた。選挙人も同様である。憤慨した民衆は、彼らに付き合って時間を浪費したと思った。一人の老人が叫んだ。「友よ、ここでこの裏切り者たちと何をやっているんだ?それより、バスティーユへ行こう！」。皆が動き出した。茫然自失の選挙人たちは、やがて自分たちが置き去りにされたことに気がついた・・・。いったん外に出た選挙人の一人が、顔面蒼白となって戻ってきて、亡霊のような顔で言った。「そこにいたら、君らは十分と生きてはいないぞ・・・。グレーヴ広場は怒りで沸騰している。ほら、彼らが上がって来るぞ・・・」。しかし彼らは逃げようとはしなかった。それが彼らを救ったのである。

　人民の怒りは、市長に集中した。地区の使者が相次いで駆けつけ、市長に向かって裏切り者という言葉を投げつけた。選挙人の一部は、民衆を前にして、市長の軽率さと嘘の巻き添えになるのを恐れた。そして市長に対立する側に回り、彼を非難した。他の選挙人、善良な老ドュソー（ユウェナリスの翻訳家）[*4]と剛胆なフォーシェは、無罪であろうと有罪であろうと市長を守り、彼を死から救おうとした。民衆が執務室からサン・ジャンの大広間へむりやり引き出した市長を二人は取り囲むようにし、フォーシェは市長の横に座った。市長は、死の恐怖で顔をゆがめていた。「私は、市長が最後の一切れのパンを噛んでいるのを見た。彼はそれを、歯でかみ締めたままでいた。飲み込むことができずに、二時間も口に入れたままだったのだ」とドユソーは語った。

書類や手紙に囲まれた中で、仕事の話で訪問した人びとを相手に、殺せという怒号を浴びながらも、市長は努めて愛想良く答えていた。パレ・ロワイヤルやサン・ロック地区から来た者が、最も攻撃的であった。フォーシェはそこへ出かけ、慈悲の心を持つよう説得して回った。地区は、サン・ロック教会に会議を招集していた。フォーシェは説教壇の上から、二度にわたって、その寛大な心が求める限りの、熱い言葉で語り、懇願し、涙を流した。バスティーユの弾丸であちこちに穴が空いた彼の服も、説得力を強めた。人民自身のために、この偉大な日の栄光のために、そして自由の揺りかごを、汚すことなく純粋のままに残すために、その服は雄弁に訴えていた。

市長と選挙人たちは、何度も銃口を突きつけられ、生と死の狭間をさまようように、サン・ジャンの間にとどまった。そこにいた者すべてが、まるで原始人のように、話に耳を澄ませ、押し黙り注視しているかと思うと、ときおり遠雷のような不気味なざわめきが起こった、とドユソーは語っている。多くの者が話したり、叫んだりしていた。しかし大部分は、新たに展開する光景に茫然としていた。騒音、話し声、情報、警鐘、押収された手紙、真実あるいは虚偽の発見、暴かれた多くの秘密、裁かれるために連れてこられた大勢の人びとといったものが、人々の精神と理性を曇らせた。選挙人の一人が言った。「これでは、最後の審判ではないか？」人びとは全てのことを、市長やバスティーユのことまで忘れるほど呆然となっていた。

五時半になった時である。グレーヴ広場で、叫び声が起こった。まず遠くから轟きが起き、それが移動し、急速に近づいてきて、嵐のような喧噪となった・・・。「バスティーユが陥ちたぞ！」

すでに満員である広間に、一度に千人が入ってきたのである。その後ろから、一万人が入ろうと押し合っている。床板が軋み、長椅子はひっくり返され、柵は事務机へ、事務机は議長席の方に押しやられた。

全員が武装していたが、その様は異様であった。裸同然の者もいれば、ありとあらゆる色の服をまとった者もいた。ひとりの男が肩車に乗せられ、頭には月桂樹を戴いていた。エリーである。戦利品の全てと捕虜が、その周りを囲んでいた。雷鳴も耳に届かないほどの喧騒の中で、敬虔に満ちた面持ちの青年が、瞑想に耽るように先頭を歩いていた。抱えた銃剣の先には、三たび呪われた非道の元凶、バスティーユの掟文が突き刺され、ぶら下がっていた。

牢獄の鍵も誰かが掲げている。吐き気を催すほど忌まわしい、この非情の鍵は、幾世紀ものあいだ、人びとに苦痛を与えるために使われてきたのである。運命あるいは神の摂理は、それを充分すぎるほどに知り抜いた者に、かつての囚人に、その鍵が託されるのを望んだのだ。国民議会は、古文書保管庫の中に鍵を保管した。専制君主の錆ついた器具が、専制君主を打ち砕いた法と並んで置かれているのである・・・。この鍵は、今もなお、国の古文書保管庫にある鉄の戸棚の中に保管されている。あぁ！世界中のすべてのバスティーユの鍵を、この鉄の戸棚の中に閉じ込めることができればよいのに！

バスティーユは奪取されたのではない。バスティーユは、自ら闘いを放棄したというべきである。バスティーユは自らのやましさによって、動揺し、精神を乱し、正気を失ったのである。

幾人かは投降しようとしたが、他の者は銃撃を続けた。とくにスイス人兵は五時間ものあいだ安全な場所から、撃たれる心配もなく、自由に標的を選び、照準を当て、銃撃した。彼らは八十三人を殺し、八十八人を負傷させた。死んだ二十人は貧しい家庭の父親であり、残された妻と子どもは餓死を待つしかないのだ。

スイス人兵はなにも感じなかったが、廃兵たちは、この危険を伴わない戦争の後ろめたさ、フランス人の血を流す嫌悪感に耐えかねて、ついに武器を放棄した。四時になると下士官たちがド・ローネイに、この殺戮を終わらせるように何度も哀願した。ド・ローネイには、自分にどんな報いが待っているかわかっている。つまり死には死を、である。彼は一瞬、自爆の衝動に駆られた。恐ろしく残忍な考えである。それはパリの三分の一を破壊することなのだ。百三十五樽の火薬は、バスティーユを空中に吹き飛ばし、城外の街、マレー地区、そしてアルスナル地区をすべて圧し潰し、埋没させるであろう・・・。ド・ローネイは大砲の火縄を手に取った。二人の下士官が、その犯罪行為を止めさせようと、銃剣を交差させ、火薬へ近づくのを塞いだ。そこでド・ローネイは短刀を手にし自決のふりをしたが、すぐにもぎ取られた。

ド・ローネイは正気を失って、命令を下すことができなくなった。フランス衛兵が砲列を敷き、発砲した時（何人かの証言によれば）、スイス人兵の隊長は、和議を申し入れる時だと悟った。彼はメッセージを手渡し、名誉ある降伏を条件とした撤退を求めた―これは拒否された―そして命の保障―ユランとエリーが、それを約束した。

難しいのは、その約束を果たすことである。数世紀にわたって蓄積し、その上バスティーユがおこなったばかりの、夥しい殺戮によっていっそう昂ぶった復讐心を抑えることなど、一体誰ができるというのか?・・・。一時間前に出来た権力はグレーヴ広場から着いたばかりであり、それも前衛の二つの小部隊にしか知られていない。その後に待ち受ける十万の群衆を抑えることなどできるはずがない。

群集は怒り狂い、分別を失い、危険に酔ってさえいた。にもかかわらず、城塞の中では一人しか殺さなかった。敵であるスイス人兵たちは見逃した。スイス人兵の着た仕事着を見て、使用人や囚人と見誤ったのである。しかし自分たちの友である廃兵たちは、痛めつけ、虐待した。群集は、バスティーユを破壊できぬものかと思った。まず時計の文字盤を挟んでいる、二つの奴隷像を石で砕いた。そして塔の上まで駆け登り、大砲に向って罵りの言葉を吐いた。何人もの男が石に怒りをぶちまけ、石を剥ぎ取ろうとして、手を血で染めた。人々は独房へ走り、囚人を解放した。二人は気が狂っていた。ひとりは音に怯え、身構えた。独房の扉を壊した者たちが、彼の腕の中に跳びこみ、その腕を涙で濡らした時も、ただただ驚くばかりであった。もう一人の腰まで髭を伸ばした囚人は、ルイ十五世はお元気でおられるかと尋ねた。この囚人は、まだルイ十五世が王位にいると思っていたのである。自分の名前を聞かれると、自分はイマンシテ［壮大無限―訳注］の副官であると名乗った。

勝利者たちは、まだやることが残っていた。サン・タントワーヌ通りで起きている、もうひとつの闘いに助勢するのである。グレーヴ広場に近づくにつれて、次々と男の集団に出会った。戦闘に参加しなかった彼らは、何かをしたい、せめて捕虜を虐殺するくらいはしたいと思っていた。トゥールネル通りで、すでに一人殺されており、もう一人が河岸で殺された。髪を振り乱した女たちが、後をつけてきた。死者のなかに夫を見つけ、亡骸をそこに残し、夫の殺人者たちを追って来たのである。女の一人が、口に泡を飛ばしながら、皆にナイフを求めた。

ド・ローネイは、この危地の極限のなかで、寛大な心と人並み以上の力をもつ二人の男に、両脇を抱えられている。抱えているのは、ユランともう一人の男である。もう一人の男は、プチ・タントワーヌまで行ったところで、群集の渦によって引き離されてしまった。ユランはド・ローネイをしっかりと摑まえて離さなかった。ここからすぐ近くのグレーヴ広場まで連れて行くのは、ヘラクレスの十二の業を超える難行である。ユランはもう何をしたらよいか解らなかったが、一人だけ帽子を被っていないことで、人々がド・ローネイを見分けるだろうと気づいて、彼の頭に自分の帽子を被せるという大胆な考えを思いついた。しかしこの瞬間からド・ローネイ狙った弾が飛んできた。ようやくサン・ジャンのアーケードまで来た。玄関の階段を登らせド・ローネイを中に押し込めば、完了である。しかし群集はド・ローネイをよく見ていた。そして恐ろしいまでの力を見せた。ユランが見せた怪力も、もうここでは役には立たなかった。巨大な蛇のような、渦をまいた群衆の塊が、何度もユランを締め付けた。足は地面を離れ、そして敷石の上に投げ出された。ユランは、二度立ち上がった。二度目に立ち上がったとき、槍の先に突き刺したド・ローネイの首が、空中に掲げられたのが見えた。
サン・ジャンの間では、別の光景が進行していた。捕虜たちが差し迫った死の恐怖を感じながら、そこにいた。人びとは、とりわけバスティーユの砲兵であったと思われる三人の廃兵を執拗に攻撃した。一人は負傷していた。司令官のラ・サルは、その肩書きを頼りに、なんとしてもその廃兵を助けようと、驚異的な働きをした。彼が負傷した廃兵を外へ連れ出すあいだに、他の二人は引き立てられ、市庁舎の向かいにあるラ・ヴァヌリ通りの隅にある街灯に吊るされた。

この大きな熱狂のなかで、フレッセルは忘れられたかに思えた。しかし結局は、これが彼の命取りになった。執拗にフレッセルを告発しようとする、パレ・ロワイヤルの連中は、少人数であるが、他のことに夢中になっている民衆に不満であった。執務机の近くに居ずわり、フレッセルを脅し、一緒に来るように強要した・・・。これ以上死を待つことが、死そのものよりも辛いと思ったのか、この日の大事件に皆が心を奪われているうちに逃げ出せるかもしれないという望みをもったのか、ついにフレッセルは、彼らに屈して言った。「よろしい、諸君。パレ・ロワイヤルへ行こう」。フレッセルは、河岸までも行けなかった。ひとりの若者が、拳銃で彼の頭を撃ったのだ。

広間に集まった大勢の民衆は、流血を求めようとしなかった。血が流れるのを呆然として見ていた、と目撃した者が語った。皆、気が狂いそうになるほど異様で、不条理な、悪夢のような惨状を、口をぽかんと開けて見ていたのである。中世の、あらゆる時代の武器を、そこに見ることができる。過去の数世紀がここに居合わせているのである。エリーはテーブルの上に立ち、兜を被り、三ヶ所がねじ曲がった剣を手にしていた。さながらローマの戦士といったところである。捕虜に囲まれたエリーは、彼らの助命を懇願した。フランス衛兵も、褒美として、捕虜に許しを与えるよう求めた。

この時、ひとりの男が妻とともに連れてこられた。というより運ばれてきたと言った方がいい。この男は元大臣のモンバレイ公で、柵のところで逮捕されたのである。妻は気を失っていた。男は机の上に投げ出され、十二人の男の腕で押えられ、くの字に曲げられていた・・・。この哀れな男は、この奇妙な姿勢のままで、自分が大臣をやったのはとっくの昔で、息子は自分の領地で、革命に大いに貢献したと釈明した。ラ・サル司令官はモンバレイ公爵を弁護することで、自らの命を危険にさらしたが、人びとの気持ちは和んでいき、じきに手をゆるめた。ラ・サル司令官はなかなか力持ちで、この哀れな男を持ち上げた・・・。この力業は人びとの好評を博し、拍手が起こった・・・。

同じ頃、勇気と才能をそなえた勇者エリーは、いっさいの告発と断罪を一挙に終わらせる方策を思いついた。バスティーユで働いていた子どもたちがいるのに気づき、叫び始めたのである。「どうか慈悲を！この子どもたちに慈悲を！」

もしあなたがそこにいたならば、褐色の顔と、火薬で真っ黒になった手が、大粒の涙で洗い清められるのを見たであろう。嵐の去ったあと、大粒の雨が降るように・・・。もはや、裁判や復讐は問題ではないのだ。法廷は打ち砕かれた。そしてエリーは、バスティーユの勝者に勝利したのである。勝者たちは、国民にたいする忠誠を捕虜に誓わせ、彼らとともに引き揚げた。廃兵たちは、安堵した表情で宿舎に向った。フランス衛兵はスイス兵を捉え、保護するように彼らの列の中に紛れ込ませた。そして自分たちの兵舎に連れて行き、宿と食事を与えた。

感嘆すべきことに、寡婦たちもまた、高潔な心を表わした！赤貧のなかで、独りで子どもを育てていかねばならない彼女たちは、分配された小額の金すら、自分たちだけで受け取ろうとはしなかった。バスティーユの爆破を食い止めたにもかかわらず、誤って殺された、貧しい廃兵の寡婦と分かち合ったのである。こうして包囲された者の妻は、包囲した者の妻たちによって、いわば養女として迎え入れられたのである。

＊1　パリの動きを参照。四十年間にわたって入獄と脱獄を繰り返し、体験談を本にした。
＊2　小間物商を営むルグロ夫人が、二十年間バスティーユに収監されているラチュードの手紙を拾った。彼の無実を確信したルグロ夫人は、何度もヴェルサイユに足を運び、釈放のために奔走した。釈放を拒んでいたルイ十六世も世論に勝てず、一七八四年に釈放を命じた。夫人はバスティーユ奪取を知ることなく、前年にこの世を去った。
＊3　Linguet（一七三六〜一七九四）フランスの弁護士、政治評論家。二年間バスティーユに投獄され、その経験を本にしたのが「バスティーユの回想」。
＊4　古代ローマの風刺詩人、弁護士。（六〇〜一三〇）「健全なる精神は健全なる身体に宿る」で有名な「風刺詩集」などを書いた。

第二部

一七八九年七月十四日〜十月六日

第一章　見せかけの平和

七月十四日、ヴェルサイユ。七月十五日、国王、議会に出席。七月十五日、喪に服す悲惨なパリ。七月十五日、議会代表、パリに派遣される。見せかけの平和。七月十七日、国王、パリに赴く。最初の亡命―アルトワ王弟、コンデ伯爵、ポリニャック夫人など。国王の孤立。

七月十四日、議会は二つの危惧のなかで、まる一日を過ごした。宮廷の暴力か、パリの暴力か、いずれにせよそれらの蜂起が不幸な結果を招き、自由を圧殺することになるのではないか。これが最後かもしれない。幾人かは、憲法の基礎を大急ぎで確立し、たとえ議会が追い散らされたり、圧殺されたりすることになっても、議会がこの遺書、抵抗を導く灯りを残すようにしようと考えた。

宮廷は攻撃を準備したが、実行までには、すべきことがわずかに残っていた。二時、知事のベルティエが、攻撃の詳細について士官学校に命じた。ヴェルサイユでは、戦争副大臣で、知事の義父であるフーロンが、準備をし終えていた。パリは、夜になって七方面から同時に攻撃されることになっていた。閣議は、夜に連行する議員のリストについて議論していた。そうしている間に王妃とポリニャック夫人は、軍隊を元気づけ、兵士たちにワインを届けさせるために、オランジュリー［オレンジ温室―訳注］に向かった。兵士たちは踊り、いくつもの輪を作った。酔いを仕上げるために、この絶世の美女は、士官たちを自分の家に誘った。誰かが手に入れた彼等の手紙には、次のように書かれていた。「我々は敵陣に向かう・・・」。敵とは？法とフランスである。

ノワイユが到着し、叫んだ。「バスティーユが奪取された」。続いてウインフェンが到着し、「司令官が殺害された」と語った。彼はそれを目撃し、危うく彼自身も殺されるところだった。ようやく選挙人が派遣した二名の使者が議会を訪れ、パリの恐ろしい状況について報告した。憤慨した議会は、宮廷と大臣たちに対する、神と人間とによる懲罰を求めた。

議会の代表団が国王に謁見したが、国王からは引き出したのは二つのあいまいな回答のみであった。ブルジョア民兵の指揮をとる数人の士官を派遣すること、シャン・ド・マルスの軍隊の撤退を命じること。この移動は、総攻撃には極めて都合がよかった。憤慨と批難ごうごうの議会は、二度目の代表団を送ったが、国王の心は引き裂かれ、もう何もできなかった。自分の書斎にいたベルティエが国王の傍に来て、大したことはないと国王を力づけた。

混乱のなかにあるパリは、夜に総攻撃がかけられる可能性もあった。人々は間もなく、パリが警戒態勢に入ることを知った。モンマルトルの高台には、すでに数台の大砲が据えられている。射程はヴィレットを覆い、サン・ドニを威圧する。

矛盾した報告が錯綜するなかで、国王は命令を出さない。そしていつものように、早々と寝室へ向かった。国王の世話をする権限を与えられたリアンクール公が寝室に入り、国王を目覚めさせた。公爵は、国王をとりまく危険、運動の規模の大きさ、その抑えがたい勢い、それを受け入れ、オルレアン公の先手を打って議会と和解すること等を進言した。ルイ十六世は半睡状態でそれを聞く。「反乱か？」「陛下、革命です」。

国王は王妃にすべてを隠さずに話した。アルトワ王弟の屋敷では、人びとは全てを把握しており、使用人たちは大恐慌のただ中にあった。このままだと、フレッセルやド・ローネイのように、パレ・ロワイヤルへ追放される。人民が動き出すことは必然である。国王と結束を固めることで、民心を鎮めることができる。一人の議員が、（真夜中にもかかわらず）議会に走った。寝そびれてそこにいた好人物のバイイを見つけ、国王が翌日に演説できるように計らうことを、アルトワ王弟の代理として求めた。

オルレアン公はこの日、議会から、ヴェルサイユから動かなかった。夜は宮殿に赴いた。そうしてアリバイを確保し、バスティーユの奪取を支持する立場から身を引いた。ミラボーは激怒し、即刻オルレアン公と距離を置き、そして言った。「罪を被るとなると、まるで腑抜けだな。望むだけで、なにもできない男だ！」

翌日ミラボーは、国王のために送り込まれた議員たちに、激しい叱責を与えた。「よろしい。では国王に告げ給え。昨日、我々を包囲している外国人の部隊が、王子および王女、寵臣および愛妾たちの訪問を受け、抱擁され、激励され、贈り物を受け取ったことを。国王に告げ給え。ワインと金に満たされた外国人の追従者たちが、一晩じゅう不敬虔な歌を歌い、その中でフランスの屈服を予言し、国民議会を粉砕するという彼らの願いを露骨に口にしたことを。国王に告げ給え。宮殿の中で、宮廷人が彼らと一緒に、あの野蛮な音楽にあわせて踊ったことを。これは、まさに聖バルテルミーの虐殺の前奏であることを！・・・。国王に告げ給え。万人がその名声を称えるあのアンリ王、国王が模範としたいと思っている先祖の王が、自らが包囲した、反乱するパリに食料を送ったことを。そして商人が、飢えたる忠実なパリへ運んだ小麦粉を、王の冷酷な助言者たちが送り返したことを」。

しばらくして、国王が護衛をつけず王弟たちと入ってきた。議会と向き合い、パリおよびヴェルサイユから遠ざかるよう軍隊に命じたことを告げ、そのことをパリに知らせるよう促した。国王は言葉を続けた。「この咎めるべき嘘の噂について、万人が承知するところの朕の性格をもって、皆を安心させる必要があるだろうか？ そうとも。国民と共にいるのは、誰よりも朕である。誰よりも諸君を信頼しているのは、朕である！・・・」。

それにしても、距離も示さずに、パリおよびヴェルサイユから軍隊を遠ざける約束など、曖昧かつ不確実で、安易に信じることなどできない。議会は全体として大いなる曖昧さに不安を覚えたが、早急に整理すべきものがあまりにも多かった。議会は国王の言葉を鵜呑みにし、自らが負うべき義務も忘れるほどに、感激する態度を見せた。

ヴェルサイユは喜びに浸っていた。パリは、勝利したにもかかわらず、不安と愁傷の中にあった。人々は死者を埋葬し、死者の多くは働き手のいない家族を残した。家族のない者は、仲間が死水をとった。彼らは、ひとりの死者の傍に帽子を置き、通行人に呼びかけた。「国民のために命を落とした、この哀れな奴にお恵みを！」・・・。慎ましく、素朴な弔辞が、死をもってフランスに命を与えた男たちに捧げられた。

皆がパリを守り、働く者はいなかった。仕事もなかった。食糧はわずかで、高価だった。市庁舎は十五日分の食糧があると保証したが、三日分もない。貧しい者の食糧のために、課税を命じる必要がある。小麦粉は軍隊によって、セーヴルおよびサン・ドニで止まっている。軍隊の撤退を約束したはずなのに、新たに二個連隊が到着した。軽騎兵が、あちこちの市門を偵察に来た。バスティーユへの奇襲を試みたものがいるという噂が流れた。不安は高まり、夜の二時、ついに選挙人会が人々に敷石をはがす命令を拒否できないまでになった。

二時に、一人の男が息を切らせて走り込んできた。軍の追跡を振り切って、セーヴルから走ってきたのだった。すべては終った。革命は終わった。国王は議会に来てこう言ったのだ。「朕は諸君を信頼している」。今ごろ、百名の議員が、ヴェルサイユを出発しているところだ。

議員たちは、すぐさま出発した。バイイは夕食を取ろうとしなかった。選挙人たちは、議員たちに会いに行く時間はほとんどなかった。彼らは混乱の中で、いく晩も寝てなかった。大砲を撃とうという者もいたが、まだ砲列配置がなされたままで、移動することができなかった。荘厳な祝典に大砲などいらない。パリは七月の太陽、胸のときめき、この武装した偉大な人民で、十分に美しい。フランス衛兵、スイス人兵、市民兵の士官、選挙人の代表たちに続いて、百名の議員が、ラッパが吹き鳴らされるなか、サン・トノレ通りを行進した。腕という腕が彼らの方に伸び、精神が高揚した。すべての窓から、祝福の言葉と花束が降りそそいだ。そして涙も・・・。

国民議会とパリ市民、球戯場の誓いとバスティーユの奪取、勝利者と勝利者が互いに抱擁した。

幾人かの議員は、泣きながらフランス衛兵の旗に口づけをして言った。「祖国の旗だ！自由の旗だ！」

パリ市役所に着くと、ラファイエット、バイイ、パリ大司教、シイエス、クレルモン・トネールが事務室に案内された。ラファイエットは冷静かつ慎重に話した。次にラリー・トランダルが、アイルランド人の熱気と彼自身の涙もろさをむき出しにして語った。三十年前にラリーの父親が、アンシャン・レジームによって、猿ぐつわをはめられ斬首されたのは、まさにこのグレーヴ広場であった。ラリーの話は実に感動的であったが、アンシャン・レジームにたいする一種の恩赦でしかなかった。それもアンシャン・レジームがパリの全域を、軍隊の包囲下に置いている最中の、早すぎる恩赦である。

それでもなお、感動は市庁舎のブルジョアの議会を支配した。「心優しい太っちょ」の愛称を持つラリーは、花冠を被せられ、群集に姿を見せた・・・。ラリーは花冠を、国民議会の初代議長であるバイイの頭に被せた。バイイは拒んだが、花冠は戻って来て、大司教の手で再びバイイの頭に落ち着いた・・・。この奇妙で異様な光景こそ、今の状況が見せかけであることを浮き彫りにしている。球戯場の議長は、クーデタを進言し、パリを力でねじ伏せることを強いた、高位聖職者から花冠を授けられたのである。これに矛盾を感じた者はほとんどいなかったので、大司教はなんの懸念もなくテ・デウム［感謝式―訳注］を提案し、一同は大司教に従いノートル・ダムへ向かった。彼が提案すべきは、むしろ彼がきっかけをつくった死者への鎮魂ではなかったか。

こうした全体の興奮にもかかわらず、人民は公正な判断力を維持していた。勝利を手にしたとは思わなかった。公正も実利も手にすることができなかったのだから。だから次のように言うべきであろう。この勝利は、犠牲を十分に補ってはいない。もっとも犠牲はとっくに忘れ去られているが。精神面での効果はたしかに大きかった。しかし物質的な成果はわずかで、それも不確実だ。サン・トノレ通りから行進曲に合わせて、市民衛兵（したがって人民そのもの）が、バスティーユの指令官を最初に逮捕したフランス衛兵を、議員たちの前に連れてきた。彼はド・ローネイの馬車の上に導かれ、月桂冠を戴き、サン・ルイ十字勲章を胸に意気揚々としていた。勲章は、人民が自分たちの勝利者の胸につけるために、牢番からもぎ取ったものだ。彼はつけたままにするのを望まなかったが、返す前に、議員たちの面前で誇らしげに握りしめ、胸にあてた。群衆から拍手が起こり、議員たちも拍手した。昨日おこなった称賛［国王への――訳注］を覆い隠すように。

別の出来事によって、それはより明瞭になる。市庁舎でおこなわれた演説で、好人物であるが無分別なリアンクールが、国王が自ら進んでフランス衛兵を赦免したと述べた。そこにいたフランス衛兵の幾人かが前に進み出て、一人が次のように言った。「われわれは赦免を必要としない。我々は国民を守ることで、国王に仕えている。今日の国王の声明は、おそらく我々のみが、国王と祖国に忠実であったということを、十分にフランスに示したのだ」。

バイイを市長に、そしてラファイエットを市民兵の司令官にすることが布告された。人々はテ・デウムに向かう。大司教が、火薬を守り配った、あの勇敢なルフェーヴル神父に腕を貸した。牢獄から解放されたばかりで、まだ薄汚れたままであった。バイイも同様にユランに導かれ、拍手を浴び、人々にもみくちゃにされ、息が詰まりそうになった。四人の射撃兵が後に続いた。この喜ばしい日、思いがけない新たな地位の栄光にもかかわらず、バイイは、自分が「監獄へと連行される男」のように思えて仕方がなかった。もし彼がもっと将来を予見することができたならば、こう言ったであろう。「死刑台に向かう男のようだ！」

テ・デウムとは、偽善以外の何だったのか？大司教がバスティーユの奪取について、心から神に感謝するなど、誰が信じるだろうか？なにも変わらなかったのだ。人も、諸原理も・・・。宮廷は相変わらず宮廷であり、敵は今でも敵である。

七月十四日に起こったことは、国王が敗者で、人民が勝者になったということである。ではどのようにして、それを覆し、歴史を削除し、完了した出来事を修正し、国王と人民とを欺き、打ち負かされた国王が幸せを維持し、人民は何の疑念も抱かずふたたび領主の手に身を任すという冷酷な事態が引き起こされるのか？

ムーニエは十六日の国民議会において、百名の議員団のパリ訪問に触れながら、奇妙な提案をおこなった。バスティーユを破壊して、その広場にルイ十六世の立像を建てようというのである。敗北を記念しての立像。じつに新奇で独創的である。滑稽にも程がある。誰がこのようなことに欺かれるというのだ？敗者を凱旋させることとは、まさに勝利をくすねることではないか？

パリの民衆は、これまでになく不安な考えにとらわれた。宮廷がヴェルサイユの周辺に四万の軍隊を配置して、何もしないとは考えられなかった。そして国王の態度は、より優位に立って攻撃をしかけるための、目眩ましとしか思えなかった。民衆は選挙人を信用していなかった。十五日にヴェルサイユに派遣された選挙人のうち二人は、連れ戻され、裏切り者と脅され、身の危険にさらされた。フランス衛兵は、兵舎での待ち伏せを恐れて、自分たちの兵舎に戻ろうとはしなかった。宮廷は、仮に戦う気がないとしても、夜襲をかけ、パリを爆破する地雷をどこかに仕掛けるくらいの復讐はするだろうと、民衆は固く信じていた。

この不安は、もっともである。軍隊は、約束にもかかわらず撤退していない。サン・ドニで指揮を執るファルケンハイム男爵は、撤退の命令は受けていないと言った。依然として事態は深刻である。警察中尉が辞職願を出し、知事のベルティエが姿を消した。彼とともに食糧担当の係官も全員が消えた。一日あるいは二日後には、市場には麦がなくなるだろう。人びとは、パンそして役人たちの首を求めて、市庁舎に行った。選挙人たちは小麦粉を得るために、数人の同僚を、サンリス、ヴェルノン、さらにはル・アーヴルに派遣した。

パリは国王を待っていた。パリは、もし国王が率直に心を込めて話せば、ヴェルサイユから、あの苛つかせる大臣たちから離れて、人民の腕の中に身を投げることができるのにと思った。十五日の演説以上の手際よさも、効果も要らない。国王は議会を退出してパリに出発し、言葉ではなく人柄で自分の心中を伝え、大胆に群衆の中に分け入り、あの武装した人民の中に混じるべきである。感動が大きければ、すべてが国王に味方するのだ。

人びとが期待しているのはこれである。人びとが思い描き、話しているのは、まさにこのことである。国王はためらい、意見を求め、一日で考えを変え、そして全てが無に帰した。

この取り返しのつかない日々を、国王はどこで過ごしたのか？十五日の夜から十六日の朝まで、国王はいつものように大臣たちと部屋に籠った。大臣たちの中には、将来にわたって王位を脅かすパリを、血の海にするという、途方もなく向こう見ずな考えを披露する者もいた。この助言に対し王妃は、逃亡し、国王を遠方に移し、軍の頭に据え、内戦を始めようと提案した。しかしはたして軍隊は信頼できるのだろうか？もし軍の中で、フランス兵と外国人の傭兵のあいだで戦闘が起こったらどうなるのか？ここは遠回りをし、時間を稼ぎ、人民の注意を逸らすほうが得策ではないのか？・・・。ルイ十六世は、この二つの意見を前にして、どちらにも与せず、自分の考えも述べなかった。どちらに決まっても、それに従うつもりであった。閣議の多数意見は後者であった。

パリの市長と司令官が、国王の同意なしに選挙人によって任命された。この地位は、いずれ劣らぬ重要人物、バイイとラファイエットによって受け入れられ、議会が任命を確認したが、国王には何の許可も求めなかった。これはもはや反乱ではない。周到かつ形式に則って、組織された革命である。ラファイエットは、「全ての都市が、自らの防衛を武装した市民に委ねることを願っていることは、疑いない」と述べ、市民義勇兵を国民衛兵と呼ぶことを提案した

（すでにシイエスが使っている）。この名称の一般化によって、パリの武装を王国全体に広げることにならないか・・・。青と赤のパリの帽章も、古いフランスの紋章である白を加えると、フランス全体の帽章のように見える。

もし国王がヴェルサイユに留まり、来るのが遅れたら、パリを危険にさらすところであった。パリの雰囲気は、刻々と敵意を増している。

事態が動いたのは、バイイが、王妃の主治医であるヴィック・ダジールに偶然出会った十六日の夜である。バイイは、パリは国王の来訪を望み、待っていると知らせた。国王はパリ訪問を約束し、その夜ネッケルに復帰を促す手紙を書いた。

十七日の九時、国王はひどく深刻で陰鬱な表情で出発した。その前にミサに出席し、聖体拝受をした。そして自分が殺害あるいは監獄に留置された場合に備え、国王代理官への辞令をネッケルに届けた。王妃は、もし国王がパリに引き留められた場合に、議会で読み上げる演説内容を、震える手で書いた。

護衛なしであったが、周りを三百名もしくは四百名の議員に囲まれ、国王は三時にパリの市門に着いた。市長が国王に鍵を差し出して、次のように言った。「この鍵は、アンリ四世に差し出した鍵と同じものです。王は自分の人民を取り戻しましたが、今度は人民が自分の国王を取り戻したのです」。このきわめて真実を突いた重みのある最後の言葉は、バイイ自身はその重要性を意識しなかったが、熱烈な拍手で迎えられた。

ルイ十五世広場では、部隊が輪をつくっていた。その中央に、フランス衛兵の大隊が方形に整列していた。隊列が開き縦列をつくると、真ん中に数台の大砲が垣間見えた（バスティーユの大砲か?）。フランス衛兵が列の先頭で大砲を引き・・・その後ろに国王が続いた。

国王の馬車の前には、帽章と羽飾りを帽子につけた、市民服の司令官ラファイエットが、剣を手にし、馬を進める。大いなる秩序、そして沈黙。国王万歳！は一声もなかった。絶えず「国民万歳！」の声があがる。ポアン・ド・ジュールからパリへ、市門から市庁舎へ、武装した二十万人の人々がいた。武器は三万丁かそれ以上の銃、五万本の長槍、そのほか短槍、サーベル、両刃の剣、熊手、長柄の鎌であった。制服は見えなかった。しかしこのとてつもなく長い列は、一様に二列になっていた。ところによっては三列、ときには四列、五列であったりした。

武装した国民の恐るべき出現！・・・。国王とて見まちがえることはない。これは一つの党派ではない。これほど多くの武器、これほど多様な服装、同じ魂、そして一様の沈黙！

市民の全てが、そこにいた。市民の全てが、ここへ来ることを望んだ。この厳粛な閲兵を逃すものは、一人もいない。夫の傍で武器を手にする女たち、父親の傍にいる娘たちの姿も見える。

修道士たちも、自分は男であり、市民であると考え、この大十字軍に参加するために来ていた。マチュランの修道士たちは、地区の旗となった修道会の旗を掲げ、参加していた。カプチン会［フランシスコ会—訳注］の修道士たちは、剣、マスケット銃を肩に担いでいた。モベール広場の貴婦人たちは、パリの革命を聖ジュヌヴィエーヴ[*1]の庇護の下においた。前日、バスティーユを打ち負かす皆殺しの天使［出エジプト記12—13—訳注］を、聖女が励ましている絵を持ち出したのである。

二人の男が拍手を受けていた。バイイとラファイエット、それだけだった。議員たちが陰鬱と動揺が混じった表情で、国王の馬車を囲むようにして行進した。この祭典には、暗澹とした何かが漂っている・・・。これらの野蛮な武器、熊手、長柄の鎌は、少しも目を楽しませるものではない。花で飾られ、黙然と広場で眠る数台の大砲は、真から眠っていないように見える・・・。見せかけの平和のあらゆるところに、戦争のイメージが漂っているのがはっきり見える。引き裂かれたバスティーユの旗の切れ端のように。

国王が馬車を降りると、バイイがパリ市の色を配した新しい帽章を差し出した。これがフランスの色となる。そして国王に受け取るように懇願した。「これは、フランス人の特徴を刻印するものです」。国王はその帽章を自分の帽子につけた。すると群衆が、国王と供の者の間に分け入った。国王は市庁舎の薄暗い丸天井に上った。国王の頭上をいくつもの剣が交差し、鋼鉄のトンネルをつくった。それはフリーメーソンの作法を借用した風変わりな儀式のように思われるが、国王がカウディウム[*2]を通るように思わせるようにも見える。

不愉快や屈辱を与える意図はまったくなく、それどころか国王は異例なほどの感動をもって迎えられた。大広間は名士やあらゆる階層の男たちが入り交じり、めったに見られない光景を呈していた。中央では人々が、国王から謁見を賜る幸運を他人に奪われないように、膝を床につけたままでいた。そして皆、王冠にむけて腕を差し出し、目を涙でいっぱいにしていた。

バイイは演説の中で、国王と人民を結びつける言葉を口にした。選挙人の議長であるモロー・ド・サンメリー（あの偉大な日々に議長を務め、三十時間の間に三千の命令を出した）は、あえて誘導するような表現で、国王に言った。「陛下の傍に侍る、あの有害な大臣たちの替わりに、長いあいだ追放されていた有徳の士を、陛下が支えることを臣民に約束するために来られたのですね」。有徳の士とは、ネッケルを指す。

国王は内気な性格からか、あるいは慎重さからか、何も答えなかった。市の代訴人がバスティーユの広場に建立する銅像の提案を発表し、満場一致で可決された。次いでいつも雄弁なラリーが、この日は極めて感傷的に国王の苦しみを語り、慰めが必要だと説いた。この演説は、亡命する大臣たちに対する人民の勝利ではなく、国王を敗者として示した。「さて市民諸君、これで満足かね？そこにおられる方こそ国王だ」。「そこにおられる方」を三回繰り返したことによって、まるで荊の冠を戴いたキリスト［この人を見よ―訳注］のような印象を与えた。

バイイが、帽子に三色の帽章をつけた国王を市庁舎の窓に導いたとき、この和解なるものが再開し、成立した。国王は十五分のあいだ、重々しい表情で黙ってそこに立っていた。退出の間際に、だれかが小声で国王に、ご自身の言葉を与えるべきではないかと言った。ところで国王が発した言葉は、あまりにも短いものであった。「諸君は常に、朕の愛情を当てにしてよい」。

選挙人はそれで満足した。しかし民衆はそうではなかった。民衆は、国王があの酷い大臣たちと手を切って、パリと仲直りをしに来たと思っていた。なのに何だ！一言の言葉も、一つのサインもない！・・・。それでも民衆は、国王の出立のときには拍手した。抑えられていた感情を吐き出すように。武器をすべて逆さにし、和平の意を示した。誰かが叫んだ。「国王万歳！」国王が馬車に乗ろうとすると、市場女のひとりが国王の襟にとびついた。武器の代わりに酒ビンで武装した男たちが国王の馬車を止め、御者や下僕にワインをつぎ、国王の健康を祝福してともに飲んだ。国王は微笑んだ。しかしまた沈黙したままだった。この時、好意を示すちょっとした言葉を口にすれば、それが伝わり、賞賛され、大きな効果をもたらしたのだが。国王が宮殿に戻ったのは、夜の九時を過ぎていた。階段を上ると、王妃と子供たちが待っていた。子どもたちは目に涙を溜め、腕の中に飛び込んできた・・・。

同じ日の十七日の金曜日、強制と束縛の中で、国王がパリに対して何もせず、何も言わなかったことに抗議するかのように、王弟のアルトワ伯、コンデ家、コンティ家、ポリニャック家、ヴォドルイユ、ブログリ、ランベスクその他が、フランスから逃げ出した。しかしその亡命は、容易なことではなかった。彼らは至る所で、自分たち名前が憎悪の対象となり、自分たちに対して蜂起する人民を目にした。ポリニャック家とヴォドルイユ家は道中、ポリニャックとヴォドルイユを罵りながら逃亡するしかなかった。

宮廷の陰謀について、千ほどの奇怪かつ俗悪な話が広まり、人々の想像力を捉え、拭い難いほどの疑念と不信をおこさせた。ヴェルサイユもパリに劣らず興奮状態にあり、昼夜を通して宮殿を監視していた。この広大な宮殿はほとんど無人状態となり、あえて訪れようとする者は滅多にいない。北翼のコンデ家の住居はほとんど空であった。南翼のアルトワ伯の住居、ポリニャック夫人の七つの広いアパルトマンは、常に閉まっていた。国王の奉公人の幾人かは、主人のもとを去ることを望んだ。彼らは国王について、違和感を抱き始めたのである。

「三日間、国王はほとんどモンモラン氏と私だけしか、傍に寄せ付けなかった」とブザンバルは語った。「十九日、大臣の全てが欠席したので、私は戻ってきた連隊長に馬を与える命令書にサインをもらうために、国王の部屋に入った。私がこの命令書を提出しようとした時、一人の従僕が、自分が書いたものを確認しようと、国王と私の間に入ってきた。国王は振り向いて無礼者を見るなり、ピンセットを掴んだ。この怒りの反応は当然であったが、私は彼を止めた。国王は私に感謝の握手をした。そして私は、国王の目に涙が浮かんでいるのを見逃さなかった。

＊1　パリ郊外のナンテールに生まれ，成人してパリに赴き，四五五年フン族のアッティラ軍から奇跡的にこの町を守り，同市の守護聖人として崇敬されるようになった。

＊2　ナポリ近郊の二股の山道。ローマ軍がサウニウム軍に敗れた古戦場

第二章　人民の裁判

信頼できる権力がどこにもない。司法権は信頼を失った。ブルトン・クラブ。弁護士たち、司法書士団たち。ダントンとカミーユ・デムーラン。野蛮な法と拷問。パレ・ロワイヤルの裁判。グレーヴ広場と飢え。フーロンとベルティエの死。一七八九年七月二十二日。

王権のみが残った。特権階級は亡命するか、屈服した。屈服した彼らは、以後、国民議会における採決に参加し、多数派に従うことを表明した。孤立無援の王権は、実はかなり前から無の様相を呈していた。

この無は、フランスの古びた信仰である。この空虚な信仰は、今では不安と不信の種となっている。この無は、一世紀のあいだ、愛において、ことごとく裏切ってきた。それが、もはや何も信じなくなった理由である。

今や信仰はどこに求めたらよいのか？この問いを前にして、人々は恐怖と孤独の感情を抱く。無人の宮殿の奥にいるルイ十六世その人のように。信仰は、もはや滅びゆく権力のどこにもない。

立法権、すなわちフランスにとって貴重な権力である議会も、敵である五、六百名の貴族および僧侶を併合し、懐深く抱え込んだという厄介な問題をかかえている。もう一つの難点は、議会が権力、政府、そして王・・・になろうとしている今、あまりにも気迫に欠けていることである。今や、全ての王が無力だ。

選挙人の権力も、政府になることを義務付けられたが、その政府は数日で消滅した。そこで各地区が、後継の政府をつくることを要請された。それもバスティーユの大砲におののき、疑心暗鬼となった。信念に欠けるのか？不誠実なのか？否。偉大な思想の世紀に育った一七八九年当時のブルジョアは、我々の時代ほどには利己主義者でなかったことは確かである。彼らは漂い、確信を失い、原理については大胆になり、その適用については臆病であった。長い間、隷従の下に置かれていたのである！

権力が全体に定着し、強化されたとき、他の全ての権力を補うことが司法権の徳となる。しかし司法権そのものは、何ものによっても補われない。我々の古きフランスが最大の危機にあったとき、司法権は支えであり、頼みの綱であった。十四世紀、十六世紀において、司法権は不変の確固たる地位を占めた。したがって動乱の中でほとんど失われた祖国は、市民的正義という不可侵の聖域において、常に自分を確認し、自分を取り戻した。

この権力も打倒される。その首尾一貫性の欠如と自らの矛盾によって、打倒される。卑屈であると同時に厚顔、親王権でありながら反王権、親教皇でありながら反教皇、法の守護者でありながら特権の擁護者。そして自由を語りながら、この一世紀のあいだ、あらゆる自由の進歩に抵抗してきた。この権力も、国王と同様に人民の期待を裏切った。追放されていた高等法院がルイ十六世の即位の席に戻ってきた時の、あの歓喜と熱狂！この信頼に対して高等法院は、特権階級と結びつき、すべての改革を阻止し、チュルゴー[*1]を追放することで応えた。一七八七年、人民はまだ高等法院を支持していた。それに酬いると称して高等法院は、無益で無力、滑稽ですらある一六一四年の古い形式を引っ張り出し、全国三部会の開催を要求した！

人民は、司法権を信頼できないでいる。奇妙なことにこの権力は、秩序と法の番人でありながら、騒乱を起こそうとしていた。騒乱は高等法院の周りで、そして各法廷で試みられた。フロンドの乱[*2]を再現したいのである。

最初のクラブは、判事のデュポールがマレー地区のショーム通りの自宅につくった。最も進歩的な高等法院の構成員たち、議員、弁護士、とりわけブルターニュ出身者を集めた。クラブはヴェルサイユに移され、ブルトン・クラブと命名した。議会とともにパリに戻ると、その性格を変え、ジャコバン地区に落ち着いた。

ミラボーは、一度しかデュポール宅を訪れていない。そしてデュポール、バルナーヴ、ラメットを三頭派と呼んだ。シイエスも訪れたが、再び訪れようとはしなかった。そして次のように言った。「あれは洞窟の政治だ。窮余の策の陰謀に凝り固まっている」。またあるところでは、より辛らつに彼らを評した。「悪童の集団みたいだ。絶えず動き回り、叫び、陰謀をめぐらし、行き当たりばったりに行動し、まるで節度がない。そして自分たちの悪行については笑い飛ばす。それでも革命の錯乱状態の中では、最良の役割を果たすであろう。仮に長い革命の過程において、彼らのように面倒を起こす末端の活動家が、今度は指導者を継承し、長い間彼らをかき立ててきた心情を捨てたとしても、それもまたフランスにとって幸いなことであろう！」。

シイエスが語ったところによると、指導者たちの後を継いだ（そして彼らよりはるかに優れた指導者である）この末端の活動家とは、とくに二人の人物、カミーユ・デムーランとダントンである。パンフレットの王、そしてパレ・ロワイヤルの雷鳴の如き雄弁家。

二人はやがて、後にジャコバン派をつくる彼らのリーダーたちのもとを離れ、コンドリエ・

クラブをつくる。

デムーランは、絞首台、ロープ、絞首刑者など、中世にあった古いジョークを、その尽きない才気によって一新した。忌まわしく残酷な拷問は、滑稽な結末で終わる話に仕立てられている。この陽気で平易な文章で書かれた本は、庶民の楽しみとなった。これは司法書士団の思い付きであったが、カミーユ・デムーランの才能によって開花した。このピカルディ出身の若い弁護士は、財布は軽く、性格はさらに軽やかであった。そして訳もなくパリを徘徊していたが、とつぜん革命に捉えられ、パレ・ロワイヤルで革命を弁護するようになった。いくぶん吃る癖があったが、それも楽しむ風であった。時々もつれる彼の唇に漂う才気が、まるで蛇の舌先のように漏れ出るようであった。そして自らの喜劇的才能の赴くままに行動し、それが悲劇に結果するかどうかなど無頓着であった。二人は四年後に、寛大委員会［恐怖政治の緩和─訳注］を提案した廉で非業の死を遂げる。

誰も正義を信じてはいなかった。人民の正義を除いて。

とりわけ法学者たちはこの時代の法と権利を無視していたし、世紀の思想の全てに反対の立場をとっていた。彼らは裁判所を掌握しており、高等法院、高等裁判所、判事などが、革命の最もはげしい反対者であることを知っていた。

このような裁判官は敵である。敵を裁く裁判を敵に委ね、革命か反革命か判断する任務を敵に与えることは、反革命の被告を無罪放免し、彼らに誇りと力を与えることである。そして彼らを軍隊に送り込み、内戦を起こすことになる。彼らにそれができるのか？ウイ、たとえパリの激発やバスティーユの奪取があったにしても。彼らは外人部隊をもち、士官の全てを掌握している。とりわけ、当時のフランス軍の栄光である海軍の士官たちをつくった、輝かしい軍隊をもっている。

この火急の危機において、人民のみが手強い罪人を捕まえ、罰を与えることができる。「もし人民が間違いを犯したら？」この反論に、暴力の友がたじろぐことはない。「高等法院および高等裁判所が、どれだけ間違いを起こさなかったというのか？」あの悪名高いカラス家とシルヴァン家についての誤審［ヴォルテールのカラス事件―訳注］を想起すればよい。

かつて人民の裁判で、正規の法廷の訴訟より野蛮なことがあっただろうか？一七八九年当時の訴訟がまさにそうであったように・・・。

それは、秘密の訴訟であった。すべて書類に書かれているが、被告はそれを見ることはないし、被告が証人と対決することもない。最後の短い時間、被告がやっと独房の闇を抜け出して、昼間の明るみにたじろぎながら被告席に座り、質問に答えるかあるいは答えないで、二分間裁判官の方を向いて刑の宣告を聞く。

そして、それ以上に野蛮な裁判であった。四つ裂きの刑に処せられ、責められ、銃弾を浴びせられたダミアン家を想起すればよい。革命の少し前、ストラスブールで、ある男が火あぶりの刑に処せられた。パリの高等法院は一七八九年八月十一日、またしても一人の男を車責めの刑に処したのである。このような拷問は見物人に見せるためであり、精神を根底から乱し、怯えさせ、狂気に導き、正義の観念を全て曇らせ、正義の意味を転倒させる。十分に苦しんだ罪人は、もはや罪人とは思えない。罪人は裁判官である。山ほどの呪いが、裁判官の上に積み上げられる。感性は激昂まで押し上げられ、慈悲は無慈悲に変わる。歴史はこの激昂した感性があらゆる尊重、あらゆる畏敬から人々を遠ざけ、そして人々が罪人の代わりに司法官を車責めにし、焼き殺した例をいくつか提供する。

七月二十日、三日間なにも口にしていないと証言する者、諦めて誰にも迷惑をかけずに、ひっそりと死んでいく者がいた。しかし、子供がいる女たちは諦めない。女たちは、雌ライオンのようにさまよった。どの暴動においても、女が最も荒々しく、最も怒り狂った。狂ったように叫び、男たちの鈍さを罵った。そして、グレーヴ広場の略式裁判を、いつもまどろっこしく感じていた。女たちは、まず絞首刑[*3]を実行した。

今世紀［十九世紀―訳注］、イギリスに飢餓の詩が生まれた。前世紀のフランスにおける恐るべき飢餓の物語は、いったい誰が書くのであろうか？これまで私は、国庫に押さえられ、家畜が撲滅され、土地が不毛になり、肥料がない土地が絶食を不可避にし、貴族すなわち納税免除者が増えていき、より貧しい土地に対して常に税が重くなることを示してきた。しかしながら、いかにして食糧が、その稀少さによって莫大な利益をもたらす不正取引の対象になるのかについては十分には示さなかった。利益は確実なので、国王もその分け前にあずかることを望んでいる。臣民の命を犠牲にして不当な利益を得る王、欠乏と死を投機の対象にする王、人民の殺人者である王を、世界は驚きの目で見ている。飢饉はもはや気候、自然現象の結果だけではない。雨でも雹でもない。それは市民的規律の問題である。すなわち人びとは、国王によって飢えさせられるのだ。

国王はここではシステムである。ルイ十五世の治世下では、人々は飢えた。ルイ十六世の治世下では、人々は飢えさせられた。

従って飢饉は知恵、つまり行政と商業が絡み合った技によってつくられる。知恵は両親をもつ。父親は国庫、母親は買い占めである。知恵は、納入業者、銀行家、金融資本家、徴税請負人、参事、大臣などの子孫をつくる。投機家と政治家の同盟を表現する強烈な言葉が、人民のはらわたから産み出される。いわく飢餓協定。

フーロンは投機家、金融資本家、そして一方で収税請負人でありながら、他方で収税請負人を裁く評議会の構成員でもあった。次の酷い言葉は、フーロンが口にしたとされる。「空腹ならば、草を食えばいい。辛抱しろ！私が大臣になったら、彼らに干し草を食わせる。私の馬たちも、干し草を食っているのだ・・・」。次のおぞましい言葉も、彼の言葉と見なされている。「フランスを刈り取らねばならない」。

フーロンには、婿にと望んだ男がいた。パリの知事［旧体制の―訳注］であるベルティエである。自分がパリ市民から嫌われていることをよく知っていて、彼らに戦いを挑む機会を見つけることがこの男の喜びである。ベルティエは武器、軍隊の全てを集結させ、薬きょうを製造させるという、まるで悪魔に魅入られたような行動を見せた。

人々は、これほど金持ちで、完璧な情報をもち、その上に思慮に富み、経験を積んだ者たちが、このような馬鹿げたことに夢中になることに驚いた。大投機家のすべてが賭博のようなものに参加し、それによって欲望を満たすのである。ところで、かつて彼らに最も儲けさせた取引は、軍事行動による破産であった。それは危険を伴った。しかし危険を伴わない大きな取引などあるのだろうか？天候で儲け、火事で儲ける。戦争と飢饉で儲けてもおかしくはない。危険がないところには儲けもない。

飢饉と戦争。私が言いたいのは、パリを抑えているつもりでいたフーロンとベルティエが、バスティーユの奪取によって、狼狽を覚えているのではないかということである。

十三日の夜、ベルティエは、ルイ十六世に自信を取り戻させようとした。もしわずかな言葉でも引き出せば、自分の支配下にあるドイツ兵を、パリへ動かすことができるのだ。

ルイ十六世は何も言わなかったし、何もしなかった。ベルティエは北に向けて、夜の間にあちこちと逃げ回った。一睡もせず、休むことなく四夜を過ごしたが、それでもソワソンからそう遠くないところまで来たに過ぎなかった。フーロンは逃亡しようとはしなかった。彼はまず、自分が大臣の席など望んではなかったこと、卒中で倒れ死亡したことを触れ回させた。そして死んだふりをした（彼の召使の一人が、まさにその時に死亡した）。そうして、尊敬する友、元警察中尉サルティィーヌの家をひそかに訪れた。

彼が恐れるのには理由があった。民衆の動きは恐るべきものであった。話を少し前に戻そう。

五月くらいから飢饉が各村を襲い、住民のすべてを次々と追い立てていった。カーンそしてルーアン、オルレアン、リヨン、ナンシーでは、小麦の種子を確保するために戦闘になった。マルセイユでは、これから掠奪しに行くのか、あるいは死を待っているのか、八千人もの飢えた一団が港にいるのが確認されている。行政府やエックスの高等法院があるにもかかわらず、都市全体が武器を取り、武装したままである。民衆の動きは六月に入ると一時弱まった。全フランスが国民議会を注視し、その勝利を待ち受けている。救済の望みは他にない。極限の苦痛は、暫しの休息を得た。

食糧に関して、その公正さはネッケル負うところが大きい。彼は根気強い優秀な行政官である。そして産業と資源に明るい。その上、善良で感じやすい心の持ち主であることも示した。誰も国に融資しようとは思わない時に、彼は自分の名義で借金し、国に対し二百万フランにも上る信用貸しをした。その額は、彼の財産の半分に相当した。罷免されても、担保を回収しなかった。そして貸主たちに、担保はそのままにしておくように手紙を書いた。要するにネッケルは、統治することはできなかったにしても、人民を養い、しかもそれを自分の金でやったのである。

ネッケルという言葉と食糧という言葉は、人々の耳には同じように聞こえた。ネッケルの罷免と飢餓、希望も救済策もない飢餓。それは七月十二日の時点で、フランスが感じたことであった。

地方のバスティーユ、カーン、ボルドーのバスティーユは、パリのバスティーユと時を同じくして打ち破られるか、降伏した。レンヌ、サン・マロ、ストラスブールでは、軍隊が人民と友情を交わした。カーンでは、兵士の間で戦闘があった。アルトワ連隊の幾人かが、愛国の徽章〔三色―訳注〕をつけていたからである。ブルボン連隊の兵士たちは、彼らが武装していない時をねらって彼らの武器を取り上げた。参謀のベルジュンスが、金と引き換えに、この侮辱的行為を仲間にさせたと人びとは考えた。彼を脅し、そして彼の兵舎まで押しかけた。ベルジュンスは監獄に移されることになったが、監獄までは辿り着けなかった。銃で撃たれ、死体は引き裂かれた。そして一人の女が、彼の心臓を食った。

ルーアン、リヨンでは、流血が起きた。サン・ジェルマンでは、製粉業者が斬首された。ポアシーでは、買い占めをしていたパン屋が危ういところで殺されそうになった。パン屋の命を救ったのは、国民議会の使節団の一人だけであった。彼は命を危険にさらしながら、勇気と慈悲の心を示した。人びとの前に跪き、懇願し、やっとパン屋を連れ出したのである。

フーロンがフランス中から憎まれていなければ、彼はこの嵐の時を乗り切ったであろう。彼に不運をもたらしたのは、彼をよく知っている家臣や召使の存在である。彼らは主人を見失うことはなかったし、例の埋葬に騙されることもなかった。彼らは後をつけ、死者がサルティヌの庭園を元気に散歩しているのを目撃している。「お前は俺たちに干し草を寄こそうとしたが、それを食うのはお前だ！」人々はフーロンの背中に干し草の束を背負わせ、いら草の花束とあざみの首飾りで飾った。そして徒歩で彼をパリへ、市庁舎へ連れて行った。人々は、残存する唯一の権力である選挙人たちに、フーロンの裁判を求めた。

選挙人たちは、早急にパリ市に真の権力を確立し、彼らの後継者を選出し、自分たちの王政を終わりにするという、人民の決定を急がなかったことを後悔していた。この非合法の権力は、全てにおいて頼りにされるが、全てにおいて無力であった。頭脳は新しく市長になった好人物バイイに、腕力はやっとのことで組織した国民衛兵の指令官ラファイエットに頼るしかない。その権力が、緊急の問題に向き合おうとしているのである。

選挙人たちは、ベルティエがコンピエーニュで逮捕されたこと、そしてフーロンが連行されたことを、ほとんど同時に知った。ベルティエについては、彼らは重大かつ危険な（時には恐怖をともなう）責任を負った。選挙人たちがコンピエーニュの人々に送った言葉は、次のようであった。「ベルティエ氏を拘留する、いかなる根拠もありません」。それに対してコンピエーニュの人々は、ここにいたら彼は間違いなく殺されるであろう。彼を救うにはパリへ連行するしかないと答えた。

フーロンに関しては、次のように決定された。以後、この種の被告は、大修道院に預けられ、扉に次の言葉を刻むこと―「国の手に委ねられた囚人」。この漠然とした処置は、旧参与であった被告に有利にはたらく。友人や同僚、すなわち当時裁判官であった元司法官たちのみによって裁かれることを、被告に保証するようなものである。

洞察力のある人々、すなわち検事や司法書士団、国庫を破産させた大臣［フーロン―訳注］の敵である年金生活者、そして国公債をもち価値の下落によって破産した多くの人々は、しっかりと監視していた。ひとりの検事は、武器保管庫についての、ベルティエの罪を告発する書類を作成させた。司法書士団は、ベルティエがこれら武器庫のひとつをモンマルトルの女子大修道院に今なお保持し、そこへ武器を搬送することを強いたと断言した。

貧しい者の胃袋を満たすことで、彼らを黙らせることができると考えた者もいた。パンの値下げである。一日三万フランを犠牲にすることで、一二キロのパンが十三スー半に値下げされた。

グレーヴ広場はあいかわらず絶叫が続いていた。二時にバイイが下りてきた。皆は裁判を求めた。彼は原則のみを話した。聞くことができた者には、いくつかの感動をもたらした。そうでない者は、「絞首刑だ！絞首刑だ！」と叫んだ。バイイは用心深くそこを離れ、食糧事務所に籠った。そして「以前は、衛兵は強かったものだが」とつぶやいた。ラファイエットが自分の影響力を当てにして、軽率にも衛兵を減らしたのである。

群衆は、フーロンが逃げ出さないか気が気ではなかった。誰かが窓からフーロンを見せた。それでも群衆は、戸口を押し開けて入ってきた。そのためサン・ジャン大広間の事務机の前の椅子に、フーロンを座らせなければならなかった。聴衆に対し再度、忠告と「原則の説明」がなされ、彼が裁かれなければならないことが伝えられた。群衆は「直ちに判決を、そして絞首刑だ！」と叫んだ。そして即座に裁判官を指名した。その内の二人の司祭は指名を拒んだ。そのとき場所を空けろ！という声がした。ラファイエットが到着したのである。彼は発言の番が回ってくると、フーロンが極悪人であることを認めた上で、しかし彼の共犯者が誰かということを知らなければならないとつけ加えた。「彼を大修道院へ連れて行こう！」それを理解した最前列の席が同意し、他は反対した。「冗談にも程がある」と、立派な身なりの男が言った。「三十年前から裁かれている男を裁くのに、まだ時間が必要なのか？」同時に、新たに入ってきた群衆からも声が上がった。ある者たちは「郊外に連れて行け！」と言い、他の者は「パレ・ロワイヤルだ！」と叫んだ。フーロンは引っ立てられ、街灯に向き合わされた。そして国民に向かって謝罪をさせられ、街灯に吊るされた。しかしロープが二度切れた。人々は新しいロープを探しに行った。やっとのことで絞首がなされ、首が落とされ、頭はパリ中に引き回された。

そうしている間に、ベルティエが、サン・マルタン門からパリに入ってきた。周囲の人々は八十キロ離れたところから彼についてきたのである。ベルティエは一頭立ての二輪馬車に乗っていたが、幌は彼を見ようとする人々によって壊されていた。傍には選挙人のエティエンヌ・ド・ラ・リヴィエールが、自分の身体でベルティエを庇っていた。彼を守ろうとして、二十回も危うく殺されそうになった。群衆の中には、気が狂ったように踊り出す者もいれば、「受け取れ、悪党め。お前が俺たちに食わせたパンだ！」と言って、黒パンを馬車に投げ入れる者もいた。パリ近郊の住民の全てを激怒させたのは、食糧不足の最中に、ベルティエとフーロンが集めた多数の騎兵たちが、大量の若い麦を踏みつぶし、青麦のまま食したことである。人々はこの被害が、知事の命令によるものと見做した。

この恐ろしい死の凱旋に花を添えるために、人々はあたかもローマ軍の凱旋のごとく、ベルティエの前に次のような碑文を置いた。「彼は国王とフランスを盗み―人民の食糧を貪り―富者の奴隷そして貧者の暴君となり―未亡人と孤児の血を吸い―国王を欺き―祖国を裏切った・・・」。

モービュエの噴水まで来ると、人びとは残忍となり、干し草を口にくわえた鉛色のフーロンの首をベルティエに見せた。ベルティエの目は虚ろとなり、青ざめ、そして薄ら笑いを浮かべた。

市庁舎に着くと、人々はベルティエを尋問するようバイイに迫った。ベルティエは上からの命令、大臣の命令であったと主張した。大臣は彼の義父であるフーロンである。ところでサン・ジャン大広間では多少聞き取ることができたが、グレーヴ広場では叫び声があまりにも大きく、聞こえもしないし、聞こうともしなかった。市長と選挙人は次第に困惑の度を深めた。そこに、まったく新しい群衆の一団が、他の群衆を押し分けて入ってきた。市長は事務局の意見に従って宣言した。「大修道院へ移動する！」衛兵が囚人の安全に責任をもつとつけ加えた。衛兵はベルティエ守ることができなかった。百本の銃剣がベルティエに突き刺さった。自分の父親の死も彼の所為だとみなした一人の竜騎兵が、彼の心臓を掴みだし、それを見せようと市庁舎に戻った。

グレーヴ広場の出来事を、群集を扇動する術に長けた者たちが、窓から観察していた。彼らは、ベルティエの共犯者たちがうまく策を講じたので、彼が真実を暴露する時間がなかったと考えていた。もしかしたらベルティエだけが、真の党派的な考えをもっていたのかもしれない。彼の書類入れからは、自由の友の人相書きが多数発見されたのである。もし宮廷が勝利していたならば、自由の友たちに良いことは何一つなかったであろう。

竜騎兵は仲間の大多数から、遺体を辱めることは死に値すること、彼らの全員と死ぬまで決闘することを告げられた。彼はその夕刻に死んだ。

＊1 啓蒙思想家であり重農主義者。一七七六年に財務大臣を追放された。

＊2 十七世紀に起こった、貴族の王権に対する反乱。敗れてルイ十四世の絶対王政の確立につながった。

＊3 女性たちは十月五日の英雄の一人、ルフェーヴル神父を絞首刑にした。幸い誰かがロープを切って一命をとりとめた。

第三章　武装するフランス

窮地に立つ議会。七月二十三日、議会は信頼を呼びかける。人民の不信。パリの恐怖、地方の不安。七月二十七日、ブレストの陰謀―宮廷、イギリス大使によって危険に晒される。旧貴族および新貴族の激昂―威嚇と陰謀。農村の恐怖。農民、野盗団にたいし武器をとる：農民、封建制度の古文書を焼き、いくつもの城を炎上させる（一七八九年七月～八月）。

パリの暴力、同時に地方を舞台とした暴力は、国民議会が置かれている状況を難しくし、議会はそこからなかなか抜け出せないでいる。

何もしなければ、議会は暴動を助長し、殺人を許していると見なされるだろう。絶え間ない誹謗中傷に対して、議会は文書にして応えた。

では議会は、暴動を鎮め、権威を回復するために、権力を国王に返上するのか？否。それでは王妃と宮廷、人民がすでに自らの手で打ち砕いた剣に手渡すのか？

どちらにしても、専制と気まぐれ、すなわち古い王権である。それとも生まれようとしている街頭の王権にか・・・。専制の憎むべき象徴であったバスティーユが破壊されたところである。そして今、もうひとつの専制、もうひとつのバスティーユが再建されようとしている。イギリス人は揉み手をしながら、「街灯」［フーロンが吊るされた―訳注］に感謝した。「神のご加護で、バスティーユは決してなくなることはないであろう」。

七月二十二日の前日と翌日、ラリー・トランダル、ムーニエ、マルーエが、秩序を回復させるために、権力を国王に返すことを勧告した。ラリーはひたすら国王の徳にすがった。マルーエは、王権を行使し、市町村の権力を援助するよう、国王に懇願しようと言った。国王は武装し、人民は丸腰である。国民衛兵もいない・・・。

盗み、掠奪、買占め人の殺害、人民の敵に対する合法的な抵抗、武器を手にした抵抗・・・。これらすべてを、騒擾という言葉で一括りするのか・・・。それらに対して、同様に鎮圧という言葉を適用しようというのか？もし王権に騒擾の鎮圧を任せるならば、まず王権にとって最も大きい騒擾、バスティーユの奪取を罰するだろう。

ミラボーは、議会を襲ったこの不幸を、真の原因によって説明した。すなわち、パリにおけるあらゆる権力の不在。合法的な委任がないままに、市の職務を執行し続ける無力な選挙人たち。彼は、市の機能が組織化され、力をつけ、秩序の維持を引き受けるようになることを望んだ。まさに中央の権力が疑わしい時に、地方の権力を強化する以外にどんな手段があるのか？バルナーヴは三つのものが必要だという。すなわちよく組織された市の機能、ブルジョア衛兵、そして人民に安心を与える法の公正。

公正とは何か？

パリのある地区から送り込まれた議員代理のドュフレノイは、六十地区から選ばれた六十名の陪審員を要求した。この提案はペティオンが支持し、他の議員によって、司法官に陪審員を加えるよう修正された。

議会は何ひとつ決めなかった。夜中の一時になると、議論に疲れてきた議会は、ひとつの宣言を採択した。それは国民を侮辱した罪を起訴することを求め、それを裁く法廷に、憲法に定めるべき権利を留保するというものであった。これは、長いあいだ先送りにされる・・・。こうして議会は平穏を得た。すなわち国王は、かつてない人民の信頼を得る権利を得、完全なる協調が生まれたというわけである。

信頼！かつて一度も信頼などなかったではないか！議会が信頼について語ったまさにその時、

不吉な光が射し、人々はそこに新たな危機を見た。

議会は誤り、人民は正しかった。しかしながら、誤って全てが終わったという気を起こす者に、良識は次のように言う。敗者となった旧体制は、復讐しようとする。数世紀来、行政、財政、軍隊、裁判所といった、国のすべての力を手中にし、いたる所に常時、配下の警察、士官、裁判官を配置し、二、三千名の貴族や聖職者、王国の半分か三分の二の地主に忠誠を強いて、フランスを支配するこの巨大で多様な権力。それを、ただの一撃で倒せるだろうか？七月の一個の砲弾で、不意に倒れただろうか？

この権力は死んではいない。打撃を受け傷ついた権力は、精神的には死んでいる。だが肉体的には死んではいない。やがて復活するだろう・・・。どのようにして復活するのか？それこそが、人民の一大関心事なのだ！そしてそれが人民の想像力を惑わす。

皆バスティーユを見学に来る。ラチュードが塔から降りるのに使った驚異の縄梯子を、誰もが怖ろしげに眺める。この陰鬱な塔、暗くて悪臭が漂う奥底の独房、そこに囚人たちが下水と同じ深さのところに監禁され、ヒキガエル、ネズミ、あらゆる種類の不潔な虫たちに囲まれ、攻められながら暮らしていたのである。

階段の下に、二つの骸骨と一個の鎖、一個の鉄球が見える。おそらく不運な二人のどちらかが、引きずっていたのであろう。これらの死者の放置は、非難されるべきである。なぜなら囚人は、決して監獄の中では埋葬されなかった。死者は、夜のうちにサン・ポールの墓地か、ジェスイットの教会（バスティーユの聴罪司祭）へ運ばれ、召使いの名で埋葬される。従って、囚人たちが生きているのか死んでいるのかは決してわからない。二人の死者は、彼らを見つけた職人たちによって、精いっぱいの償いを受けた。

人々は、歴代の王たちの古い洞窟［バスティーユ監獄―訳注］の中に、別の発見をしようとした。人びとは憎しみ、恐れ、そして好奇心が混ざった感情を味わった。この好奇心は飽くことを知らず、全てを理解したとしても、さらに探求し、掘り下げ、その先に分け入り、別の何かに疑いをもつ。

妄想は、まさにバスティーユで罹る病気である・・・。何世紀ものあいだ、幾世代にわたって、ここで日々を送った囚人たちの、絶望に引き裂かれた心、怒りの涙、石に打ちつけた額。それらの痕跡は何一つない！かろうじて、釘で刻んだ判読不能の落書きが、わずかに残っているだけである・・・。非情な時の経過が、暴政が犠牲者の痕跡を消すのに手を貸したのだ！

何も見えない。しかし聞こえてくるのだ・・・。確かに物音、うめき声、耳慣れないため息が聞こえる。これは妄想なのか？しかし、誰もがそれを聞いた・・・。

もし囚人でないのならば、敵なのか？街の地下を通って、一方の砲台から他方の砲台へ火薬を移動させ、バスティーユを吹き飛ばし、自由の街を崩壊させるという、ド・ローネイの考えが実行に移されることはないのか？人々の不安を鎮めるために、公務による本格的な調査が仰々しくおこなわれた。

いや、このような殺戮の手段は必要ないだろう。飢饉で十分である。毎年、不作に続く不作。パリ周辺から集められたわずかの小麦は、招集された多数の騎兵によって踏みつぶされ、傷められ、食べられる。騎兵がいなくても、小麦はどこかに行ってしまう。人々は、夜になると武装した一団が、青穂の麦を刈り取りに来るのを見たか、あるいは見たと信じている。死んだはずのフーロンが、自分が言ったことを文字通り実行するために、わざわざ戻ってきたように。曰く「フランスを刈り取る」。青穂の麦を刈り取り、踏みつぶせば、飢饉の翌年には人間をも刈り取ることになる。

恐怖は拡大する。郵便配達員がこの噂を広めたので、恐怖は連日、王国の端から端まで達した。郵便配達員は野盗を目撃したわけではなかったが、他に見た者もいた。野盗はあちこちに出没した。完全武装したものが多数、街灯にたむろしていた。おそらく夜のうちに、あるいは翌日には間違いなくやってくるのであろう。白昼にさえ、あちこちで小麦を刈り取った。それに当惑したソワソンヌの役場は、武装した野盗の一団が街中をのし歩いていると、国民議会に助けを求める手紙を書いた。調査に行くと、野盗団は、夜霧か朝靄に紛れて消えていた。

このおぞましい飢えの惨禍に、身震いするような別の何かを付け加えようと考える者たちがいた。イギリス人をフランスに呼び込もうとする者たちである。防衛が行き届いた所にイギリス人を住まわせ、フランスが一世紀かけて多額の資金、工事、労力を注いで建設した海軍工廠を、イギリス人の手に渡そうというのである。ブレストの陰謀である。

イギリス政府が、陰謀に加担するのを思いとどまっているのには、十分な理由がある。それは革命の初期の段階において、イギリスが我々の革命に好意的であったことである。イギリスは、その影響の重大さにも、フランスそしてヨーロッパで起こっているこの大運動が、恒久的な権利の即位に劣らないほどの重大であることにも、少しも気づいていなかった。十七世紀における自国の、島国的そして利己的な小運動の模倣であると見ていた。イギリスは、自分の後を歩もうとする子どもを励ます母親のように、フランスを称えた。この奇妙な母親の願いは、子どもが歩けるようになることなのか、あるいは首の骨を折ることなのか、本当のところは母親自身もわかっていなかった。

それ故イギリスは、ブレストの誘惑には乗らず、分別ある態度を示した。そしてルイ十六世の大臣たちに、個々の人名は伏せて、明らかにしたのである。イギリスは、この部分的な暴露が大きな利点をもつことに気づいた。つまりフランスを混乱させ、最大限の疑念と不信をもたらし、この弱体の政府に足場を築き、政府を抵当にとるという利点である。もし調査がなされず、この秘密を守り通したとしても、イギリスはいつでもこの忌まわしい秘密を暴露することができる。ルイ十六世の頭上には、この剣が吊るされているのである。

誰かが、イギリスの大使ドーセットがアルトワ王弟に宛てた手紙を、偶然に手に入れた。ドーセットは、宮廷がまる二か月のあいだ陰謀を隠し続けたことを明らかにし、自分の手紙を国民議会で公開することを求めていた。

イギリス人によって国民議会に引き出された大臣のモンモランの説明は、内容に乏しく、実行者の名前も明らかにしなかった。それを追求できる者もいなかったし、議会もそれに固執しなかった。しかしこの一撃は、はるかに重く、全フランスがそう感じたのである。

ドーセットの主張はまったくの作り話で、敵が放った火矢であると思うこともできたが、ブレスト守備隊の士官たちの軽率な行動をみると、あり得ない話ではないように思える。士官たちは、バスティーユの奪取の知らせに接して、城に立てこもる動きを見せ、もし市が動くならば武力で対応すると市を脅したのである。市は直ちに武器をとり、港の監視所を占領した。士官たちは部下の兵士に金を渡し扇動したが、無駄だった。水兵は、人民の側についた。この疑惑は、海軍はおろか、ブルターニュの貴族の間にまで広がった。

こうして人々は、陰謀を信じるようになった。これを契機に、全国三部会において分離したままでいる貴族の頑迷さ、論争の辛辣さと激しさについての話題が、大小の都市、村、小部落、しばしば家庭の中まで及び、拭いがたい一つの考えを人々の心の中に植え付けた。貴族、それは敵である。

身分が高く著名で歴史をもつ貴族の大部分は、革命を少しも恐れていなかった。しかし地位が不安定な下位の、より虚栄心が強いか、あるいはより率直な貴族、より身近に人民に接し、締め付けに対する人民の感情の爆発に連日悩まされている貴族は、大胆にも自分が革命の敵であることを表明した。

彼らの中には、これまで宮廷の意思に抵抗する前衛にいて、大衆性と愛を楽しみ、公的なことに熱中していた者もいた。カンペールのケルサロンは、少し前までは高等法院の反対派の熱心な擁護者であった。その彼がとつぜん王党派に、さらには熱烈な貴族主義者となった。彼は人々の罵りの中を悠然と散歩した。しかしだれも彼に手を出そうとはしなかった。彼は政敵たちの名前を大声で挙げ、重々しく言った。「いずれ私は彼らを裁き、彼らの血で手を洗うだろう」。

おなじく高等法院の構成員で、フランシュ・コンテの領主でもあるムメイ・ド・カンセイの場合は、脅しにとどまらなかった。おそらく周りの敵意によって心が傷つき、怒りで心が乱されたのであろう。ド・ローネイがしようとしたことを、そのまま実行した。彼はヴェズール市とその周辺の人々に、良い知らせを祝って祝宴を催し、そのために席を開放すると知らせた。農民、ブルジョア、兵士、すべての階層が集まり、飲み踊った・・・。とつぜん地雷が爆発し、誰彼なく殺された。地面は血まみれの犠牲者で覆われた。生き残った負傷者が司祭に告解し、また憲兵の調査に応じて、全てが明らかになり、七月二十五日の国民議会に提出された。議会は憤慨し、国王の許可をとり、全ての権力に手紙を出し、容疑者を引き渡すよう要請した。

麦を刈り人民を餓死させる野盗団が、当初考えられていたような外国人ではないという世論が広がり、定着した。五月にマルセイユで信じられたような、イタリア人でもスペイン人でもなかったのである。フランスの敵はフランス人だった。それは革命の凶暴な敵であり、その手先であり、使用人であり、彼らに雇われた一味であった。

恐怖はますます増大し、誰もが皆殺しの悪魔が傍にいるのではないかと思った。朝になると、畑が被害に遭っていないか見廻った。夜は、火をつけられないか案じた・・・。母親は野盗と聞いただけで、子どもたちを抱きしめ、隠した。

では、人民が信頼し、それによってかくも長きにわたって安眠した、国王による保護はどこへ行ったのか？人民を安心させ、それによって人民が未成年にとどまり、いわば子どものまま成長することになった、あの古い保護はどこへ行ったのか？ルイ十六世がどんな人物であったにしても、王権が敵の親密な友であることを、人々は感じ始めている。

昔は保護としての存在を示した王の軍隊は、今はまさに恐怖をもたらすものとなった。その頭は誰なのか？貴族の中で最も傲慢であり、最も憎悪をむき出しにする者たちである。彼らは兵士を煽り、必要とあれば人民に敵対する兵士に金を払い、ドイツ人傭兵を熱狂させる。こうして攻撃の準備をする。

権力、公的保護が完全に欠落しているなかで、父親としての義務は、家族の保護者となることである。彼にとって正義の手、正義の剣は、銃が不足している今、大鎌、鍬、鉄の熊手・・・である。さあ、野盗どもが来た！・・・。一刻の猶予もなく、隣人という隣人、村人という村人が、武装して集まる。遠くに一団が来るのが見える。しかし彼らは撃たない・・・。他の村の人々、友人や親戚だった。彼らも見回りに来たのだった。

フランスは八日間で武装した。国民議会は、この革命の驚異的な進行を続けざまに知らされた。そして一瞬にして、自分が十字軍いらい最大の軍隊のトップに立っていることを知った。知らせが届けられる度に、議会は驚愕し、たじろいだ。ある日、次のような報告がもたらされた。「あなた方は、二十万の兵士をお持ちです」。翌日届いた報告では、「五十万の兵士が、あなた方のものです」。他の知らせも次々と入った。「今週、百万人が武装しました」。その数は二百万、三百万・・・と増えていった。

そして突然、この偉大な人民が畝溝から立ち上がり、国民議会にやるべきことを要請したのである。

それでは、古い軍隊はどこに行ったのか？まるで消え失せたかのようだ。かくも多数の新しい軍隊が、戦わずして、ただ握手することで、古い軍隊を窒息させたのである。

フランスが一人の兵士だと人々は言った。フランスはこの日以来、兵士になった。この日、新しい人種が大地から生れた。子どもたちは、薬きょうを食い破る歯をもち、カイロからクレムリンまで歩いても疲れを知らない足をもち、食も取らずに行軍し戦い、精神によって生きる天賦の才能をもって生まれてきたのだ。

彼らは精神、陽気さ、希望によって生きる。もし世界の解放を胸に抱く者が彼らでないとしたら、いったい誰が希望を抱く権利を抱くのか?

　フランスは一度に、剣と原理になったのだ。こうして武装することが、存在することなのである。理念も力もない者は、憐憫によってしか生きられない。

　彼らは事実において存在し、しかも権利によっても存在することを望んだ。

　野蛮な中世は、彼らの存在を認めなかった。そして人間としての存在を否定し、物としてしか見なかった。中世の珍妙なスコラ神学は、魂は同等に救われ、全て神の血に値すると教える。しかしこうして持ち上げられた魂を、中世は再び獣にまで引き下ろし、畝溝に縛り付け、永遠に農奴であることを宣告し、自由を劫罰に処したのである。

　この不法の権利は、その根拠を、征服すなわち中世の不正義に求める。征服は貴族、領主を生み出したと中世は言った。「もしそうだとしたら、今度は我々が征服者となろう!」とシイエスは言う。

　封建的権利は、さらに偽善的な証書に根拠を置いている。証書は、人の意思に反して作成されたであろう。弱者は恐怖や武力によって、何の留保もなく降伏させられ、未来、可能性、胎児、将来の世代をも引き渡す。この咎められるべき古文書、自然に対する恥辱は、幾世紀にもわたって、罰せられることもなく、城館の奥深いところに眠っているのである。

何だって？一七八九年において、貴族は無慈悲で冷酷であったと？
全然。貴族は雑多な階級である。概して意志も体力も脆弱で、軽佻浮薄で、享楽的で、不幸を間近に見ることができないくらい感傷的であった。不幸を田園詩やオペラ、小話や小説の中に見出し、ベルナルダン・ド・サン―ピエール［作家、植物学者―訳注］、グレトリィ［作曲家―訳注］とスデーヌ［劇作家―訳注］、ベルカン［劇作家、教育学者―訳注］に親しみ、憐憫の涙を流した。そして泣くことは好ましいと思っている自分に気づいた。「私は善い心の持ち主だ」。

この心の弱さ、人の好い性格、誰でも受け入れる手、出費に対する抵抗感のなさ、そのために彼らには金が必要だった。それも多額の金、父親よりも多い金が。その結果、土地から多くの金を引き出すこと、すなわち農民を金融資本家、管財人、実業家に譲り渡すことが必要となる。主人が善良の心をもつほど、気前が良くなり、パリで博愛家になるほど、家臣は餓死した。彼らはこの悲劇を見ないために、なるべく城で暮らさないようにした。彼らの感性にとって、あまりにも苦痛だったのであろう。

しかし城に残り、厳しい封建的伝統を守ることを誇りにし、家族と家臣を支配する、地方の貴族もいた。ここでは、あの有名な「人間の友」を著した、ミラボーの父を想起するにとどめる。彼は家族の敵であり、家族すべて、妻、息子、娘を閉じ込め、国の監獄に住まわせ、近隣の人々にたいし訴訟を起こし、人々を困惑させた。領内の農民たちのために祝宴を開いてやった時に、彼らが陰鬱な表情をしてくつろがなかったことに驚いたと彼は語った。私には、それがよくわかる。おそらくこれらの貧しい人々は、「人間の友」が彼自身の子どもたちのために祝宴を開かなかったことを案じていたのだ。

もし農民が銃を手にし、復讐したとしても、驚くに当たらない。幾人もの領主が、領民を酷く傷つけてきたのだ。領民がある日それを思い出すこともある。ある領主は村の水汲み場を壁で囲み、他の領主は公有地を占領した。そうした領主たちは、非業の死を遂げた。

都市の総武装を、田舎が模倣した。バスティーユの奪取は、地方のバスティーユへの攻撃を勇気づけた。彼らの苦しみを知って唯々驚くことは、彼らの攻撃の開始がいかに遅かったかということである。この遅延によって苦しみと復讐の思いは蓄積し、恐ろしいほどの嵩になっていた・・・。長いあいだ重みに耐えていた氷雪が、とつぜん溶解し雪崩となった時、その嵩は、移動するだけで全てを根絶するほど巨大であった。

この大規模で混沌とした状況においては、略奪する流浪の一団に属する者、すなわち飢えによって追われた者たちと、そこで暮らす農民、すなわち領主に反抗する領民とを見分けることができなければならない。

人々は悪い例は丹念に集めるが、良い例はそれほどでもない。臣下の中に自分の支持者を見出す領主が、幾人もいる。モンフェルメイ侯爵は前年、臣下たちを救済するために十万フランの借金をした。もっとも凶暴な者たちでも、時には弱者を前にして立ち止まる。例えばドフィネでは、城には手を付けなかった。そこには病気の婦人と子供たちがいるだけであった。封建的古文書を破棄するにとどめたのである。

一般に農民は、武器を手に入れるために、まず城に駆け上がる。それからさらに勇気をふり絞り、公式文書や証書を焼いた。しかし束縛に関する最も有効で抑圧的な証書の大部分は、どちらかといえば裁判所の書記課、法定代理人、公証人のところにあった。農民がそこまで行くのは稀であった。農民はむしろ、古美術品や古文書の原本を攻撃した。こうした原本は、古き良き時代が偲ばれるよう、美しい羊皮紙の上に戦勝者の印璽が捺され、城の宝物殿に安置されていた。そしてビロードの書類入れに包まれ、栄光の小塔のような豪華な整理棚、オーク材の箱の底で眠っていた。

我らが人民は、真っ先に塔に駆け上がる。そこは、彼らにとってのバスティーユであり、暴政であり、傲慢であり、不遜であり、人間蔑視である。塔は幾世紀ものあいだ、その陰鬱な影によって低地を嘲笑し、不毛にし、気を滅入らせ、圧迫してきた。野蛮な時代には村の見張り人だった者が国の歩哨として立ち、毎朝耕しに行く人々にたいして、侮辱をくり返した・・・。「働け、働け、農奴の息子よ。他人のために稼ぐのだ。働け、決して望みを持つな」。

千年ものあいだ、おそらくはそれ以上に、毎朝、毎夕、塔は呪われ続けた。そしてある日、倒れる日が来たのだ。

おお、偉大な日よ！遅かったではないか！どれほどの歳月をかけて、父たちはあなたが来るのを待ち続け、夢を見続けたことか・・・！自分の息子たちが、いつかあなたに出会うことを夢見ることが、父たちの唯一の支えだったのだ。でなければ、父たちは生きる望みを捨て、苦しみのなかで死んだであろう・・・。私も父の友人たちに混ざって、歴史の畝溝の中で耕し、彼らの苦い杯で酒を飲んできた。誰が私に、中世の苦難をもう一度味わわせ、しかも悲嘆のうちに死なせようとするのか？・・・それはあなたではない。おお、美しい日よ、解放の初めの日よ。私はあなたと話すために生きたのだ！

第四章　八月四日の夜

人と市民の諸権利の宣言。無秩序、フランスの危機。議会、七月二七日に調査委員会を設置。宮廷の企て—宮廷がブザンヴァルの裁判を妨害しようとする。王党派、公の慈善のための武器の製造を望む。革命的貴族、封建的権利の放棄を提案。八月四日の夜、階級の特権の放棄；聖職者の抵抗。地方の特権の放棄。

この大運動を超越したより平穏な場所で、国民議会は喧騒に邪魔されることもなく、思考し瞑想にふけっていた。

議会を分裂させた党派間の激しい争いは、大論争を通して抑制されたようにみえる。こうして議論が始まった。議論は、その出生から革命の利害に対立する貴族階級が、自分の思想の深部をどれほど侵されていたかを明らかにした。結局、誰もがフランス人であり、十八世紀の息子、哲学の息子であったのだ。

議会の両翼でそれぞれ対立する態度をとりながら、それでも諸権利の宣言についての厳粛な審議には、宗教的な感情が漂った。

イギリスのような諸権利の請願も、成文法の懇請も、疑義のある憲章も、真偽の定かでない中世の諸自由も、ここでは少しも問題にはならない。

アメリカのように、各州がそれぞれ承認した原理を州から州へと求め歩き、それらの原理を要約し、一般化し、連邦が受け入れうる全体系を帰納的に構築することも、問題にはならない。

皇帝、ローマ教皇に匹敵する最高の権威によって、新しい時代の信条を上から与えることが問題になるのである。どのような権威によってか？理性である。まる一世紀をかけて、哲学者たち、深い洞察力をもつ思想家たちが議論してきた理性、全ての精神に受け入れられた理性、生活態度にまで浸透した理性、そしてついに立憲議会の理論家たちによって決議され、表明された理性・・・。理性が自由討議の末に見出したものを、権威をもって理性に命じることが問題となる。

それは世紀の哲学であり、世紀の立法者であり、額に光線を宿し、十戒の石板を手にして山を下りてくる世紀のモーゼである。

「人権宣言」に賛成か反対か、無駄な議論がなされてきた。

まずベンサム、デュモン、功利主義者、経験論者について述べることは何もない。彼らは法については成文法しか知らない。権利 droit が、法 droit すなわち絶対理性に一致している限りにおいてしか、権利にはならないということを彼らは知らない。哲学者の衣を脱げば、ただの法廷代理人である。どのような理由で、彼らは実務家を軽蔑するのだろうか？彼らも同様に紙や羊皮紙の上に法を書いている。我々は永遠の権利という石の上に、世界を支える岩の上に、我々の法を刻もうとしたのだ。不変の正義と不滅の公正を。

我々の敵に答えるには、彼ら自身について述べ、彼らの矛盾を示すだけで十分である。彼らは「人権宣言」を嘲弄しておきながら、それに従う。宣言が認める自由を自分たちの人民に約束することによって、三十年間［革命からナポレオンまで―訳注］ものあいだ戦争を継続したのである。一八一四年の勝利者たち［対仏大同盟―訳注］がフランスに呼びかけた最初の言葉、それは宣言にある壮大な定式から借用したものである・・・勝者？否、彼ら自身の心の中ではむしろ敗者である。なぜなら、彼らの最も利己的な協定である神聖同盟条約は、彼らが罵った権利を再び取り入れたからである。

――

諸権利の宣言は、人の道徳の保証人である「最高存在」を裏付ける。宣言には「義務」の感情が息づいている。言葉こそないが、いたる所に存在する。いたる処で、その厳格さと威厳を感じ取れる。コンディヤックから借用した言葉もいくつか見られるが、全体として、大革命の精神、ローマの荘重さ、ストア学派の精神を認めることができる。

このような時にこそ語られるべきは、権利についてである。人民のために保証し要求すべきは、権利である。人々はその時まで、人民には義務しかないと信じていた。

宣言は、崇高かつ普遍的で、永続するように書かれている。しかしその誕生における騒然とした時間を思い起こすことなく、また嵐の予兆に気づくことなく、宣言について語ることができるであろうか？

最初の言葉が語られたのは、七月十四日のバスティーユの奪取の三日前である。最後の言葉は、人民が国王をパリに連れてきた数日前（十月六日）である。権利の崇高な出現は、二つの嵐の間ということになる。

感情において、これほど深刻な状況の中で、これほど威厳と荘重に満ちた議論が、おこなわれたことは、それまでになかったことである。危機は二つの党派に、もっともらしく議論する場を与えたのである。

議員の一人が言った。「ご注意申し上げる。諸君は、充分すぎるほどの権利をもっていると感じている者に、権利を教えようとしている・・・。つまりその者を山頂に連れて行き、際限なく広がる彼の帝国を見せようとしているのだ。しかし彼が山を下りた時、諸君がつくろうとしている個別の法律によって遮られ、一歩進むごとに限界に出会う自分を見出したとき、どうなるのか？」（マルーエの演説）

これに対する反論は、一つにとどまらなかった。しかし最も強力な反論は、まさに情勢の中にあった。人々は危機の真只中に、いまだに混沌とした戦いの中にいる。そして旗を立てるに十分な高さの山を見つけることができずにいる・・・。できるならば、地上のあらゆるところから旗を見ることができ、その三色の炎が諸国民を結集させるほどの高さに旗を立てなければならない。人類共通の旗として認められた時、旗は無敵となる。

この大議論が人民を扇動し、武装させたと考える者もいた。そして人民に松明を持たせ、戦争や火事を起こさせたと。農民が行動を起すのに、このような形而上学など必要ではなかった。議論の後でさえ、その影響は少なかった。我々がすでに見たように、農村の武装は、略奪を撃退するために必要だったのであり、諸都市の武装の伝播であり、そして何よりもバスティーユ奪取の陶酔および熱狂であった。

この恐るべき出来事の規模の大きさと多面性は、歴史を見る目を曇らせた。歴史は同時に起こった別個の、相反しさえする三つの事実を取り違え、混同したのである。
一、浮浪者や飢えた者による略奪。彼らは夜のあいだに稲を刈り取り、イナゴのように畑を丸裸にした。これらの集団は、余力がある時は、一軒家、農家そして城にまで押し入った。
二、これらの集団を撃退するために武器を必要とした農民は、城に押しかけ武器を強要した。いったん武器を持てば支配者である。抑圧の証書と確認した証文を破棄した。憎むべき領主に災いあれ！人々は羊皮紙の証文のみではなく、領主をも責めた。
三、都市の武装化は農村の武装を誘発したが、今度は都市が農村の武装を抑圧せざるをえなくなった。貴族を除く、市民の全体から成っていた国民衛兵は、秩序を回復するために市中を巡回した。彼らは、憎むべき城の救出に出かけた。しばしば農民を捕らえ、都市に連行し、そしてすぐに解放した。
私が語っているのは、互いに隣近所に定住する農民についてである。流れ者、略奪者、野盗については、裁判所そして市町村が厳罰を下し、大多数が死罪となった。治安もやっと回復し、農業も保護された。もし無秩序が存続し、農業が中断したままであったら、フランスは翌年に死んでいたであろう。

世間が火事場のようになっている時、その頂点で議論し、計算し、字句を吟味している議会の状況はなんとも奇妙である。右からと左からの、二つの危機。無秩序を制御する手段は一つしかないようにも見える。それは古い秩序の復活である。しかしそれこそ最悪の無秩序ではないか。

議会は権力を奪いたくてうずうずしていると、一般に思われている。それはある議員たちの間では当てはまるが、大多数の議員の間では嘘、それも大嘘である。この議会の全体としての特徴、時代を反映する自らの独自性、それは特異なほどの、観念の力への信仰である。ひとたび見出され、法として表現された真理は無敵であると、議会は固く信じていた。そしてふた月もあれば十分であると（これは極めて真面目な者たちの計算である）。つまり「憲法」は、二か月後にできる。憲法は全能なる徳によって、権力と人民とをともに支配するようになる。そのとき革命は完成し、世界はふたたび花開くと。

情勢は実に異様であった。権力は、あるところでは打ち破られ、他のところでは極めて強力に組織され、別のところでは完全に崩壊した。このように全体的で適法の行動は弱いが、腐敗、陰謀、もしかすると暴力の勢力は、まだ手強い力をもっていたかもしれない。後に発見されたこの数年間の会計報告を見れば、宮廷がどれだけの資力をもち、それらをどのように使い、出版、新聞、さらに議会に対してさえ、どのように働きかけていたかがよくわかる。亡命が始まり、それとともに外国、すなわち敵への呼びかけがなされ、フランスにたいする裏切りや中傷を執拗におこなう体制もつくられていた。

議会は、火薬樽の上に座っているように感じていた。公共の安全のためには、議会が法律をつくる高みから降りてきて、地上でどのようなことが起こっているか間近に見ることが必要であった。大降下！議会のソロン[*1]、リクルゴス[*2]、あるいはモーゼは、公共の監視という役を与えられ、スパイをスパイし、警察中尉になることを強いられた！

最初の警報は、アルトワ王弟に宛てたイギリス大使ドーセットの手紙であった。そこには長いあいだ宮廷が隠していた、ブレストの陰謀についての見解が書かれていた。七月二十七日デュポールは、四名からなる調査委員会の設置を提案した。そして次のような不気味な言葉を口にした。「私が議論へ加わることは、いっさいご勘弁ください。陰謀が企てられています。法廷に移送するなど論外です。我々は、おぞましいが極めて重要な情報を手に入れなければなりません」。

四名という員数はすぐに三名の宗教裁判所判事を想起させるので、十二名まで増やした。

議会の精神は、警察や宗教裁判所の精神とはまったく違うものである。私信の秘密を侵してよいか、逃亡によって敵であることを自ら表明した王弟宛てのいかがわしい手紙を開封するかどうかをめぐって、真剣な議論がおこなわれた。グーイ・ダルシイとロベスピエールは開封を求めた。議会はシャプリエ、ミラボー、デュポールの意見に基づき、寛大にも私信の秘密の不可侵性を宣言し、開封を拒否し、手紙を返還させた。

この決定は、宮廷派の者たちを勇気づけた。彼らは三つの大胆なことをやってのけた。議長にはシイエスが選ばれたが、宮廷派は、議会で評価の高い好人物、ルーアンの優れた法学者であるトゥーレを対立候補として立てた。トゥーレが六月十七日の議会で、国民議会という名称に反対票を投じた功績を評価したのである。シイエスのこの簡潔な表現には、大革命が含まれていた。議長選出において、この二人の人物、もっと的確に言えば二つの制度を対立させたことは、大革命を法廷に喚問し、六月一六日［国民議会の命名の前日―訳注］まで後退させることができるかどうか試すことであった。

第二の企ては、ブザンヴァルの裁判を妨害することであった。パリに敵対するこの王妃の将軍は、逃走中に逮捕された。ブザンヴァルを裁判にかけ刑を下すことは、彼が従った命令に対しても刑を下すことになる。大臣に復帰する旅先でブザンヴァルに会ったネッケルは、彼に希望をもたせた。ネッケルが大いに奔走すれば、パリ市における正式な手続きを獲得することは難しくはない。復帰の歓声に乗じて大赦をもぎ取り、革命を終わらせ、平穏を取り戻し、豪雨の後に雲にかかる虹のように現れる。ネッケルの虚栄心にとって、これ以上の魅力的なものがあろうか？

ネッケルは市庁舎に赴き、そこにいた全ての人々、選挙人、パリ各地区の代表、一般市民、雑多で法的人格をもたない者が混在した群衆の心をつかんだ。大広間でも広場でも、陶酔が頂点に達した。ネッケルは窓に姿を現した。右に妻、左に娘が並んだ。二人とも涙を浮かべ、彼の手に接吻した・・・。娘のスタール夫人は、幸せで気を失うほどであった。

それだけのことであった。パリの各地区は、当然のごとく抗議した。パリの名において同意されたこの突然の恩赦は、興奮した集会において何の権限もない群衆によって認められたものであり、国家の問題が一都市によって、それも住民の幾人かによって決められたものである・・・。しかもこの件は今、国民議会が調査委員会を設け、裁判を準備しているところである・・・。異常かつ傲慢な行為であると。ラリーとムーニエは特赦を擁護したが、ミラボー、バルナーブそしてロベスピエールが、裁判の開始を勝ちとった。宮廷は、またもや敗北した。しかし凡庸な思慮にふさわしい、大きな慰めも手にした。ネッケルを巻き込んで、彼の人気を損ねたことである。彼こそ、宮廷を救うわずかな可能性をもった唯一の人間だったのだ。

宮廷は、議長選出の件でも失敗した。トゥーレが人民の動揺とパリの脅しに不安を覚え、立候補を取り下げたのである。

マルーエがおこなった王党派の第三の企ては、はるかに深刻であった。それは大革命が危険に晒された道程で出会った、最も手強く、最も危険な試練のひとつであった。敵は毎日、大革命の行く手に躓きの石を置き、溝を掘っていたのである。

読者は諸身分がまだ合同していなかった頃、聖職者が第三身分のところにきて、偽善的に人民が食している黒パンを示しながら、無益な議論を止め、慈善の名において貧しき者の幸せのためにともに働こうと呼びかけた、あの日のことを思い出されるであろう。今回はまさに一人の男（きわめて誠実だが、骨の髄から王政の盲目的信奉者）、マルーエがそれをやったのである。

彼は課税対象が広い「救貧税」を創設し、救済と労働のための部局をつくることを提案した。まずは慈善財団からの資金提供、残りは全国民を対象とした税金、そして負債で賄うというのである。

たしかに対応が緊急に求められるこの時期においては、適切で素晴らしい提案として支持されるであろう。しかしこれは、王党派に強力な政治的イニシアティヴを与えることになる。この提案は三つの資金を国王の手に委ね、中でも負債を際限なく膨張させるものである。そして国王を貧困者の首領、もしかすると乞食の将軍にし、議会と対立させることになりかねない・・・。そしていったん廃位し、より独裁的、より強固な王位につける。それは最も強権的な国王、つまり食糧およびパンによって支配する飢えの王にすることである。では自由は一体どうなるのか？

人々の懸念を取り除き、事を小さく見せるために、マルーエは貧困者の数を四十万人に抑えた。明らかにこれは嘘である。

たとえ成功しなかったにしても、王党派にとっても、国王にとっても、得るものは大きい。人民の目には、美しい色彩に彩られた慈善の功績に映るのである。議会の大部分は、拒否より妥協を選び、屈服し、追従し、この巨大な大衆的機構を国王の手に委ねることを受け入れざるを得ない。

マルーエは最後に、労働者を助ける、つまり「仕事と賃金を増やす」ために、商工会議所および工場がある市町村に意見を求めることを提案した。

二つの党の間に、せり売りあるいは競合のようなものが生まれた。問題は人民を獲得するか、取り戻すかである。貧窮者に与えるという提案に対抗できる提案が一つある。労働者にもう払わないことを認めること、少なくとも農村の労働者に、最も忌まわしい税、封建的税をもう払わないことを認めることである。

これらの税は、危機に瀕していた。権利を裏付ける証文を手っ取り早く根絶するために、城さえも焼かれた。議会で議席を占める大土地所有者は、大いに不安である。これほど憎まれ、危険にさらされている所有権は、残りの財産の全てをも危うくする。彼らは重荷と感じ始めた。これらの権利を救うためには、権利の一部を犠牲にするか、それとも武力で守り抜くか、すなわち友人、食客、家来を糾合して、全人民を相手に、恐るべき戦争を始めるかである。

七年戦争を経験した少数の老人、あるいはアメリカ独立戦争に参加した若者を除いては、駐屯地の外で戦った貴族はいなかった。とはいっても、彼らは私闘においてはそれぞれの勇敢さを発揮した。それまで無名であったヴァンデやブルターニュの小貴族が突然現れ、勇敢さを見せつけた。ナポレオンの数々の大戦では、貴族そして亡命者の多くが目立つ働きをした。もしも彼らが理解し合い、手を組んでいたならば、しばらくの間にせよ、革命を押しとどめていたかもしれない。貴族は分散し孤立し、それゆえ非力であると、革命は見ていた。貴族の弱さのもう一つの理由は、それは彼らにとって極めて名誉なことであるが、彼らの多くが、心底では自分自身に、すなわち古い封建的専制に反対し、その継承者であると同時にその敵でもあるということである。時代の思想が染み込んだ彼らは、この素晴らしい人類の復興を拍手喝さいし、そして復興に誓いを立てる。たとえそれが自らの破滅になろうとも。

封建的所有において、国王の次に富裕な領主はエギヨン公爵であった。彼は南仏の二つの州において王の特権をもっていた。それは彼の大伯父リシュリューが自らの手でものにした、じつに忌むべき起源をもつものである。父親は国庫を破産させた大臣テレイの同僚で、憎しみよりもむしろ侮蔑の対象であった。それだけに若いエギヨン公は、人気を得ることに敏感であった。彼はデュポールやシャプリエとともに、ブルトン・クラブのリーダーの一人であった。彼はクラブで、気前の良い、かつ政治的な提案をした。この大火災の中で一部を犠牲にすること、つまり残りの部分を救うために、建物の一部を取り壊すというものである。封建的税（貴族の多くは、これ以外の財産は一切もたない）を放棄するのではなく、適正な価格で譲渡することを農民に提案しようというのである。

ノアイユ子爵はクラブには属していなかったが、この提案の件をどこかで嗅ぎつけ、そこから輝かしい進取の気性を盗み取った。家族の末っ子で、封建的権利など何ももたない彼は、エギヨン公よりもっと気前が良かった。彼は諸権利の譲渡を認めるだけではなく、領内の賦役や他の人身拘束を無償で廃止することを提案した。

これは、攻撃そして脅迫以外の何ものでもないと受け取られた。それでも二百名の議員が拍手した。先ほど所有権を尊重する義務、賦課税を払う義務を思い起こす議会の布告の草案が、議会で読み上げられたばかりというのに。

エギヨン公は、全く別の衝撃をもたらした。

昨夜、城を攻撃する者に対する厳しい処置について投票しながら、良心の咎めを覚え、これらの者たちが本当に有罪なのか・・・と自問した、と彼は述べた。続けて封建的専制を、熱くそして激しく攻撃した。つまり自分自身を攻撃したのである。

八月四日の夜八時。それは千年の支配を経た封建体制が、公然と権利を放棄し、信仰を捨て、自らを呪う厳粛な時であった。

封建制は語った。今度は人民が発言する番である。郷土の衣装をまとった低ブルターニュ選出の無名の議員、ル・グエン・ド・ケランガルが登壇した。彼の発言は、後にも先にもこの時だけである。彼は独特の威厳と迫力をもって、約二十行の告発と威嚇の文書を読み上げた。人を動物扱いし、動物と一緒に荷車にくくりつけ、羞恥心を踏みつけにしてきた武器と不公正な証文を破棄することによって、城の火災を未然に防ぐべきであったと、議会を非難した。「諸君、公正になろう。我らの祖先の蛮行の記念碑である証文を、我々のもとに集めよう。」

「我々のうちの誰が、忌まわしい羊皮紙の山を、贖罪の焚刑に処すことに反対するというのか？無駄に過ごす時間はない。一日の遅れが、新たな騒乱を引き起こすのだ。いくつかの帝国の崩壊をみると、もっと小さな騒動がその徴候となっている。フランスが荒廃してはじめて、フランスに法を与えようとでもいうのか？」

この発言は、深い印象を与えた。だがもう一人のブルターニュの議員が、奇妙で、残酷な、信じがたい領主の権利について演説をし、この印象を薄めてしまった。領主は狩りの帰りに、二人の臣下の腹を切り裂き、血みどろの身体の中に足を入れる権利をもっているというのである！

田舎の貴族であるフーコーは、この厄介な議論を始めた大領主を攻撃し、なによりもまず彼らが年金および俸給、国王から引き出す莫大な贈与品を犠牲にすることを求めた。大領主は人民から金を強奪し、田舎を見捨てることによって、二重に人民を打ちのめしている。金持ちはすべてこれに倣い、土地を砂漠化し、宮廷に集まるのだと。

ギッシュとマルトマールはそれを個人攻撃と受け取り、指名されれば全てを犠牲にすると、激しい口調で応じた。

興奮が議場を支配した。ボーアルネは、これからは貴族であれ平民であれ、労苦は等しく分かち合い、職は万人に開かれるようにしようと提言した。ある者は裁判の無料化を、他の者は領主裁判の廃止を求めた。それを担当する下っ端の役人が、農村の疫病神であった。

キュスティーヌは、エギヨン公が提案した買戻しの条件は厳し過ぎる。農民の負担を緩和し、援助すべきであると述べた。

ラ・ロッシュフーコーは、フランスの善意を人類にまで拡大し、黒人奴隷制度の緩和を求めた。

感じやすい感性、活力、こだわりのない熱気といったフランス人の気質が、これほど感動的に発揮されることはかつてなかった。「人権宣言」の議論において、字句の吟味や検討にあれほど時間をかけ、優柔不断さをみせた男たちが、自らの無私無欲さに訴えられるや否や、躊躇なくそれに応じたのである。彼らは、富はもちろん、富より大切な名誉ある諸権利をも踏みつけにした。これは瀕死の貴族が、後世のブルジョア貴族に遺産として残した偉大な手本である！

興奮と感動の中にも、超然としたおおらかさ、黄金を投げ捨てることを楽しむ誇り高い賭博師の快活さがあった。こうした犠牲は富者によっても貧者によっても、同様な陽気さをもってなされた。時には皮肉を込めて（フーコーの発議のように）、時には機知をもって。

「ところで私は、何を提供すればよいのかね？」とヴィリュー伯が言った。「せめてカツルス[*3]

の雀などを提供しようか・・・」。彼は田畑を荒らす鳩と、封建的特権である鳩小屋の根絶を提案したのである。

　若いモンモランシーは、これらの決意を全て、直ちに法律にするよう求めた。サン・ファルジョーのルペルチエは、人民がこれらの恩恵を直ちに享受することを望んだ。自身が大富豪である彼は、金持ちも貴族もそして免税者も、このために拠金してほしいと述べた。

　議会の採決を急いでいた議長のシャプリエは、抜け目なく、まだ聖職者の議員諸君の誰からも発言がないと指摘し、それでは彼らを演壇から締め出したと後に非難されようと付け加えた。するとナンシーの司教が、封建的税の買い戻しの金は、現在の所有者に払われるのではなく聖職禄への有益な投資にまわしてほしいと、聖職者貴族の名において述べた。

　これは気前良さというより、倹約そしてやりくりである。続いて才気に富むシャルトルの司教が、貴族の支出を気前よくする方法を思いついた。それは貴族にとっては重要だが、聖職者には痛くもかゆくもない狩猟権を生贄にしようというのである。

　貴族はひるまなかった。狩猟権の放棄を成し遂げようと言った。これによって幾人もの貴族が犠牲になる。シャトレーの公爵が笑って隣の議員に言った。「僧侶がわれわれから狩猟権を取り上げるならば、私は彼らから十分の一税を取り上げよう」。そして彼は、現物で支払われている十分の一税を、現金による賦課金にし、自由に買戻しができるように変えることを提案した。

聖職者はこの危険な発言を無視し、貴族に関わる問題を前面に出す戦術をとった。エクスの大司教は封建制度に反対すると強い口調で述べつつ、すべての封建的慣習を今後も擁護することを求めた。

ユゼースの司教は次のように語った。「私は土地が欲しい。その土地を農夫に手渡すことが、私の喜びなのです。しかし我々は土地を預かっているだけなのです」。

ニームとモンペリエの司教は、自分たちの腹はいっさい痛めることなく、職人や人夫の負担金や税金を免除することを求めた。

貧しい聖職者だけが気前がよかった。幾人かの主任司祭は、一つの聖職禄以上のものを受け取ることは、自分たちの良心が許さないと言明した。他の僧侶は、「我々は、信者からの心づけを提供する」と述べた。それに対してデュポールが、それならばその分は他から補うべきであろうと応じた。議会は感動に包まれ、この貧者の一灯を受け取ることを拒否することにした。

感動と興奮が徐々に、そして異常なまでに高まった。拍手、賛辞、たがいに交わす好意の表現が議会を支配した。議場に居合わせた外国人は、驚愕で押し黙ったままであった。彼らは初めてフランスを、その心の豊かさを見た・・・。彼らの国で幾世紀にわたる努力をもってしてもなしえなかったことが、フランスは無私無欲と自己犠牲によって、わずか数時間で成し遂げたのである。金銭、なおざりにされた自負心、代々受け継がれてきた傲慢さ、時代遅れ、伝統そのもの。これらの巨大な封建制度の古木が、一撃のもとに倒されたのである。呪われた木、その枝は冷たい影で地上を覆い、その無数の根は地中深く延びて生命を探し求め、搾り取り、生命が光を求め上昇するのを妨げてきたのだ。

すべては終わったかに見えた。しかしそれに劣らぬ重要な舞台が始まろうとしている。

階級の特権の後に、地方の特権が問題となった。

フランスには、独自の特権、つまり自主権と税務上の様々な特典をもつペイ・デタと呼ばれる地方が存在していた。これらの地方はそのエゴイズムを恥じ、それが固有の利害、そして古き良き思い出を犠牲にすることになるにもかかわらず、フランスになりたいと願った。

一七八八年来、ドフィーネは高潔にも自ら特権の引き渡しを申し出て、他の地方にもそれを勧めてきた。そして改めて申し出をおこなっている。最も頑固なブルターニュも、住民の委任、そしてフランスとの古い協定に縛られているにもかかわらず、併合の希望を宣言した。プロヴァンスも同様に意思表示した。それにブルゴーニュ、ブレス、ノルマンディー、ポワトゥー、オーヴェルニュ、アルトワが続いた。ロレーヌは感動的な言葉で、次のように語った。我々は人民の父と崇められた君主たちの統治を、別に惜しむものではない。兄弟たちと合流し、フランスいう母なる家の中に、この栄光の大家族の中に、ともに溶け込む喜びを持てるならば！

次に都市の番になった。都市の代議士は、先を争って彼らの特権を祖国の祭壇に捧げた。税務官吏は、自分たちの年貢を払おうと、演壇に殺到した群衆によって、動けなくなった。パリ高等法院のメンバーの一人もそれに倣って、公職の世襲制、爵位の相続権を放棄しようと演壇に駆け寄った。

パリの大司教が、この偉大な日に神を思い起し、テ・デウム［感謝式］を歌うことを求めた。「諸君、国王には」とラリーが発言した。「二世紀の長きにわたる中断の後、我々を招集された国王には酬いがないのだろうか？フランスの自由の復興者を称えようではないか」。

夜は更けた。二時である。この夜は、幾世紀にわたる中世の計り知れない痛苦の夢を運び去った。やがて訪れる暁は、自由の暁である。

この素晴らしき夜が明ければ、もはや階級はない。フランス人がいるだけだ！もはや地方はない。フランスがあるだけだ！

＊1　古代アテナイの政治家、立法者、詩人（紀元前六三九?―五五九?）。当時のアテナイにおいて、政治・経済・道徳の衰退を防ごうとして法の制定に努めた。

＊2　スパルタの立法者（紀元前七〇〇?―六三〇?）。スパルタの軍国主義的法政を確立した。

＊3　カツルスはローマの詩人。

第五章　聖職者——新しい信仰

フォーシェの予言的な演説。無力な調停の努力。差し迫った古い教会の崩壊。教会、人民を見捨てる。ビュゾ、聖職者の財産を国のものだと主張する（八月六日）。十分の一税の廃止（八月十一日）。信仰の自由を承認。聖職者、貴族、宮廷の同盟。パリ、自らを放棄。公権力の不在。しかし暴力はほとんど見られない。愛国的自己犠牲。忠誠と犠牲。

ついに人民は自らの墓を壊し、封建制度の墓石を自ら押しのけて復活し、一夜で何世紀もの仕事をした。これこそ新しい福音の最初の奇跡、神の奇跡、真の奇跡である。

まさにフォーシェが、バスティーユで発見された骸骨について口にした言葉こそ、これにぴったりだ。「専制君主制は、永遠に日が差さないものと信じて、骸骨を牢獄の壁の中に塗りこめた。天啓の日は来たれり！骸骨は、フランスの自由の声を聞いて立ち上がった。そして幾世紀にも亘る抑圧と死について証言し、人間性の復活と諸国民の生を予言しているのだ！」

バスティーユの崩壊に始まった蘇生は、八月四日の夜［諸特権の放棄―訳注］へ引き継がれ、社会生活の面では目にすることができるが、民衆自身はまだ死の影の中で萎んでいる・・・。

議会が大仕事をやり遂げて散会したのは、午前二時であった。その朝（八月五日）パリではフォーシェが、バスティーユの前の演壇で、虐殺された市民にむけて追悼演説をおこなった。自由に殉じた者たちは、まさにこの夜、中世を象徴するこの巨大なバスティーユの崩壊の中で、勝利者の栄冠と血の代償を手にしたのである。

フォーシェはここでも、永遠に人びとの記憶に残る言葉を口にする。「神の言葉の偽の解釈者たちは、いかに世界に害をなしたか！・・・。彼らは専制政治に奉仕し、『神』を専制君主の共犯者にした。福音書は何と書いてあるか？あなたは諸王の前に出頭しなさい。諸王はあなたに不正をなすように命じ、あなたは死に至るまで抵抗するでしょう・・・。勝利したのは、偽の神学者である。なぜならば、福音書は次のようにも書いてある。『カエサルのものはカエサルに返しなさい』。ではカエサルに属さないものも、カエサルに返すべきであろうか？・・・。ところで自由はカエサルに属さない。自由は、人間の本性に属するからである」。

封建制度、王政、教会。この柏の古木の三つの枝のうち、封建制度の枝は八月四日になぎ倒された。他の二本はぐらついている。強風がこれらの枝を揺らしているのが聞こえる。二つの枝は抗いつつ、まだ堅固に持ちこたえていたが、落ち葉が地面を覆った。この嵐に抗いきれる者はいない。滅ぶべき者は、滅びよ！・・・。

一七八九年における、教会に対する証言では、教会が完全に放置され、人民は見捨てられたと告発している。この二千年の間、教会のみが人民の教育を委ねられた。それが教会の仕事であった。中世における教会の敬虔なる建設は、どのような目的をもっていたのか？「聖職者」には、どのような義務が課されていたのか？魂の救済、信仰心の向上、厳格主義の緩和、人民の教化・・・。人民はあなたたちの弟子で、あなたたちだけに委ねられたのだ。あなたたちは、教師として何を教えたのか？

十二世紀いらいあなたたちは、もはや人民のものではない言葉で語り続けた。宗教はもはや人民のための教育であることを止めた。説教は代理の者がやり、それも次第になくなり、金持ちにのみ語るようになった。あなたたちは貧しい者をなおざりにし、無教養の者たちを軽蔑した。無教養？あなたたちがそうしたのだ。あなたたちによって二つの人民が存在するようになった。ひとつは上層の、過度に文明化し洗練された人民。ひとつは下層の、粗野で非社交的な人民。そして初めにはなかった両者の格差が、ますます拡大していった。その格差を埋め、下層にいる者を絶えず引き上げ、二つの人民から一つの人民をつくる、それがあなたたちに課されたことだったのだ。今、まさに危機が訪れている。しかしあなたたち教師を養成する教室では、文化の吸収も、厳格主義の緩和も目にすることはできない。生徒が身につけているもの、それは生徒自ら身につけたものだ。すなわち生得的な素質、自然が我々に与えた本能から得たものである。

一七八九年における、あなたたちのあの僧院、古臭い学校は、いったい何なのか？無為と静寂の明け暮れ。草は生え放題、蜘蛛の巣だらけ・・・。そしてあなたたちの教壇は？「無言」。あなたたちの書籍は？「空」。批判の世紀である十八世紀は、まさに今過ぎ去ろうとしているが、仮にあなたたちが生き延びたとしても、あなたたちの論敵は絶えず、それが無駄であっても、論じ、行動することを、あなたたちに催促する。

僧院を出なさい。あなたたちは人民のために、人民に明かりを与えるためにそこにいたのだ。僧院を出なさい。あなたたちのランプはとっくに消えている。教会を建設し、あなたたちに貸与した者が、返還を求めているのだ。それは誰だって？当時のフランスだ・・・だから今のフランスに教会を返しなさい。

今日（一七八九年八月）、フランスは十分の一税を取り戻し、そして明日（十一月二日）教会の財産を取り戻す。どのような権利によって？・法学者は言う。「相続人不在による権利によって」。死んだ教会には、相続人がいない。その遺産は誰に帰属するのか？・教会を創設した者であり、「祖国」である。そこから新しい「教会」が生まれる。

八月六日、ネッケルが提案した公債―彼の証言によると財政はふた月も持たない―についての討論で議会が長引いている間、それまでめったに発言しなかった男が演壇に上がり、ただ一言述べた。「教会の財産は、国民に属する」。

議場が大きくざわめいた・・・。状況を明快に示す言葉を口にしたのは、ビュゾであった。後にジロンド派の指導者の一人となる。若々しくも厳しい顔つき、情熱的でいて陰鬱な表情、どれもこの青年の夭折の運命の徴を、額に刻んでいた。

提案された公債案は一度否決され、手直しの後やっと採決された。採決させるのも難しいが、実行に移すのはもっと難しい。公衆はどちらに味方するのか？アンシャン・レジームか、革命か？・それはまだ、誰にもわからない。誰の目にもより確実で明瞭なことは、聖職者の無益さ、まったくの無能さであり、そして革命が教会の財産を国民に与える、議論の余地がない権利であるということである。司祭はいくらかの抵抗の本能をもっていたが、啓蒙的知識は皆無であった。それ故、いたる所で人民の教養のすべてにとって障害となり、人民を退行させてきたのである。一つだけ例を挙げると、十六世紀に文明化したポアトゥの市民は、司祭の影響の下に非文明化し、後に我々にヴァンデ［反革命の都市—訳注］を用意する。

八月八日に、貴族議員のひとりであるラコスト侯爵が、明瞭かつ簡潔な提案をした。［その一］教会の財産は国民に属する。［その二］十分の一税は廃止される（買戻しの言及なし）。［その三］正規の聖職者への年金支給。［その四］司教および司祭の報酬は、地方議会で決める。

これも貴族であるラメットが、説教の題目と、教会を設立する権利についての幅広い考察を経て、この提案を支持した。この権利は、一七五〇年以降、チュルゴが百科全書において十分に検討したものである。ラメットは次のように述べた。「社会はいつでも、有害な修道院を廃止することができる」。教会の財産は、債権者にたいする国の担保として提供すると彼は結論した。

これについては、グレゴワールとランジュイネが全てにわたって非難した。聖職者によって迫害を受けたジャンセニスト[*1]も、聖職者を擁護した。特権は、ネッソスの衣［ヘラクレスを死に至らしめた衣—訳注］よりさらに強固に体に密着して、肉ごと引き剥がさなければならないことを示したのである！

八月四日の夜に欠席した、議会の二大知性であるシイエスとミラボーは、この結果を嘆いた。

シイエスは司教で、ミラボーは貴族だったのだ。ミラボーは聖職者を軽く見る貴族、国王を弁護しようと思っていたし、シイエスは貴族に見捨てられた「聖職者」を弁護した。

シイエスは、十分の一税は正真正銘の所有物であると言う。何だって？初めは自発的な贈り物、正当な贈与であったのだ。法律用語で答えると、忘恩につき、すなわち聖職者が与えられた目的を忘却し、あるいは怠慢であったがゆえ、贈与は取り消しうる。目的とは、聖職者によって久しくなおざりにされた人民の教養である。

シイエスは巧妙に、十分の一税が、現在の所有者の利益を生まないことを強調した。しかし所有者は知識、展望、推論を経て、十分の一税を買ったのだ。それは七千万フランの金利を生み出したと所有者は語っている。十分の一税は、百三十フラン以上の価値がある。十分の一税を元の所有者［人民―訳注］に譲るということは、優れて政治的な措置であった。つまり人民の最も堅実な部分を、いわば革命の耕作人として、革命の大義の中に引き入れようというのである。

この耐えがたいほどに重い税は、地方によってまちまちで、収穫の三分の一に及ぶ地方も少なくなかった！税は、司祭と耕作人との間の争いをもたらした。収穫期にもかかわらず、司祭は恥ずべき尋問をおこない、まる三日間にわたる執拗な暴力によって、確保した。「なんですと！」とある司教は叫んだ。「あなたたちが平和の神の名の下に、合流するように我々に呼びかけたとき、それは我々を生贄にするためだったのですか！・・・」。十分の一税は、彼らの生計そのものであり、それも高額であった・・・。三日目、自分たち以外の全員が反対に回ったのを見て、聖職者は従った。十五名あるいは二十名の司祭が放棄し、国民の寛大さにすがった。高位聖職者たち、パリ大司教、ロッシュフーコーの枢機卿もこの例に従い、聖職者の名において放棄した。十分の一税は、将来にわたって、買戻しなしで廃止された。しかし当面、聖職者の生活費が保障されるようになるまで、継続することとなった。（八月十一日）

聖職者の抵抗は、深刻にはなりえなかった。十八世紀の大命題は、異論の余地なく、あらかじめ同意されたものとして、絶えず再生してきた。ヴォルテール[*2]がすばやく、見事に勝利者として戻ってきた。信仰の自由が人権宣言の中に書き込まれることになった。しかしそれは寛容ではなく、専制的な権利を思わせるような表現であった。聖職者は、それが支配的な信仰、支配的な宗教の権利であること、それにふさわしい扱いを受けることを求めた。ミラボーは、この言葉をあらゆる法から追放する。「もしあなたたちが支配的な信仰を書き込むとすれば、支配的な哲学、支配的な思想体系も書き込むことになります・・・権利と正義の他は、何者も支配すべきではありません」。

歴史や中世についての研究を通じて、聖職者が自分のごく僅かな利益を守るために示す、異常なほどの吝嗇さを知る者には、彼らが自分の財産、自分にとって大切な不寛容を守るためにどれだけの努力をするか、容易に想像できる。

聖職者を勇気づけることが一つある。それは地方の貴族、高等法院の構成員、すなわちアンシャン・レジームの全てが、彼らとともに、八月四日の決議に共同して抵抗するために結集したことである。あの夜、提案した者あるいは支持した者たちさえ、そのことを後悔し始めた。

自分たちの代表である貴族がこのような決議をするなど、特権をもつ者には理解できないことであった。彼らは茫然自失に陥った・・・。暴力から始めた農民たちは、今は法の権威によって運動を継続させている。平等化し、柵を壊し、領地の境界標を倒し、盾形紋章を消すのも、武器を持つ者に狩りを開放するのも、法である。万民が武装し、万民が狩猟し、万民が貴族となる！・・・。この法が、人民に爵位を与え、貴族の爵位を取り消すようにもみえる。貴族は、この法を採決したのである！

もし特権が消滅するならば、特権身分である貴族と司祭は死を望む。彼らは長い間、不平等、不寛容と一体であった。不公平を無くすくらいなら、百回死んだほうがましだ！・・・。彼らは革命も、人権宣言に記された革命の原理も、八月四日の偉大な社会憲章にその原理を適用することも、どれも受け入れることはできない。国王も、宗教的な良心のとがめを感じながらも、特権身分の側に身を置き、自らの頑迷さの中に籠った。王権の縮小については、国王は認めたかもしれない。しかし聖なる財産である十分の一税、聖職者の裁判権、議会が否決した犯罪の秘密調査権、宗教的意見の自由については、小心な国王はこれらを認めることができなかった。

ルイ十六世が、少なくとも人権宣言および八月四日の政令を回避することは確かだと思われた。しかし国王が行動し、闘うところまで行くまでには、まだかなりの距離がある。

王妃は、ベルギー問題で忙殺されている兄ジョゼフの支援は、すこしも期待できなかった。王妃がオーストリアから受け取ったのは、大使のアルジャントーの助言のみであった。軍は信頼できない。王妃の手中にあるのは、海軍その他の多数の士官、そしてスイスおよびドイツの連隊である。主力は、メッツとその周辺に駐屯する二万五千、あるいは三万の精鋭からなる中核部隊である。率いるのは、献身的でエネルギッシュな士官ブイエである。その態度に、彼の溢れるほどの精力を見ることができる。彼は厳しい軍律、そしてブルジョアというごろつきに対する反感と侮蔑によって、この部隊を維持してきた。

王妃の意見はいつも、宮殿を去り、ブイエの野営地に身を投じ、内乱を始めることであった。「国王陛下の治世下ではパンがあった。いま千二百人の王［議員―訳注］がいる。さあ、王たちにパンを求めよう！」当時の大臣の一人が口にしたとされるこの言葉は、事実にせよそうでないにせよ、宮廷の考えを表している。

パリの悲惨な状況は、この智略に大いに役立った。七月から十月までの三か月間、この八十万人が住む都市に、いかなる公的権力もなかったことは恐るべきことであるが、確かなことである。

市権力の不在。この初めての、社会の基盤をなす権威は、溶解状態にあった。六十の地区は、議論はするが、何も行動しなかった。市庁舎にいる地区の代表は、それ以上に行動しなかった。彼らのやることとは、市長のバイイを拘束し、仕事の邪魔することであった。バイイは少し前までは天文学者そしてアカデミー会員であり、書斎の人であった。新しい任務について何の準備もなく、パリに食糧を供給できるかどうかも分からず、いつも不安げに食糧事務所に籠っている。

警察の不在。警察は、バイイの無力な手に委ねられていた。警察中尉が辞表を出したが、補充されないでいる。

司法の不在。これまでの刑事裁判所があまりにも理念と道徳性に反し、過酷であったので、ラファイエットが即座に改革を要求した。裁判官たちはこれまでの習慣を一挙に変え、新しい形式を学び、より人間的で、より時間をかけた手続きに従わなければならなかった。牢獄は満杯で、すし詰め状態であった。今後もっとも危惧されることは、それが放置されることである。

同業組合の権力の不在—長老、利益代表など。八月四日の影響で、取引の決済が麻痺状態になり、商売ができなくなった。これまで妬み合いが最も強く、互いの接触が難しかった業種、すなわち売り台が店舗である肉屋、印刷屋、かつら師の会合が増加した。印刷屋は飛躍的に発展した。かつら屋はその逆で、同じ時期に店の数は増えたが、顧客は減少した。富裕層が、パリを去ったからである。ある新聞は、三か月の間に六万のパスポートが市庁舎で発行されたと報じている。

　大集会がルーヴルとシャンゼリゼで開催された。かつら屋、靴修理屋、仕立て屋たちである。国民衛兵が来て、参加者をある時は手荒く、あるときはぎこちなく彼らを追い払った。彼らは市に赴き、不平や無理な要求を訴えた。昔の法規に戻すか、新たな法規をつくること、日給を固定することなどである。パリを去った主人たちに解雇された召使たちは、サヴォワ人である召使を、全員、故郷に送り返そうとした。

　他の革命を知っている者が常に驚くことは、パリがこのような飢えと悲惨な状況におかれ、しかも権力が不在の中で、全体として重大な暴力が極めて少なかったことである。暴力を止めるには、ひとつの言葉、ひとつの理性的な忠告、時にはひとつの冗談で充分であった。七月十四日につづく数日間に限って、いくつかの暴力行為があった。裏切られたという考えに取りつかれた人びとが、むやみに敵を探し出し、危うく悲惨な思い違いをするところであった。折よくラファイエットが仲裁に入り、説得することが幾度もあった。こうして彼は、何人もの人を救った。

それに続く時代、生気のない計算づくの今の時代を考える時、私はあの時代の人民が、あの甚だしい窮乏に少しも圧し潰されることなく、また隷属にたいして少しの落胆もしなかったことに感嘆せずにはいられない。彼らは苦しみも、絶食も体験した。ごく短期間のうちに、球戯場の誓い、バスティーユの奪取、八月四日の夜を成し遂げた大事業は、勇気を掻き立て、すべての者の頭に、人の尊厳という新しい思想を打ち込んだのだ。

あまり注目されないことであるが、個々の暴力行為はさておき、人民の感性は強まった。アンシャン・レジームの下では見世物であった残虐な拷問を、人びとが平然と見ることはなくなった。ヴェルサイユで一人の男が、尊属殺人の罪で車責の刑を言い渡された。一人の女性に刃物をふりかざしたところ、彼の父親が二人の間に割って入り、彼に刺殺されたのである。人びとは、彼の行為にたいし残酷すぎる刑だとして、処刑を妨害し、死刑台を横倒しにした。

人びとの心は、革命の若い熱情に向けて開放された。鼓動はより早くなり、かつてないほど情熱的になり、より荒々しく、しかしより寛大になった。

国民議会は開会の度に、人びとが群れをなして愛国的寄付を持参する光景に関心を示し、感動した。議会は、出納係と受取人にならざるを得なかった。人びとはあらゆる用件で、議会を訪れた。そして請願書、寄贈品、苦情など、あらゆるものを議会に送った。狭い室内は、さながらフランスの家のようであった。贈り物をしたのは、とりわけ貧しい人びとである。それは、やっとのことでかき集めた六百リーヴルの貯金を送った青年であり、結婚式の際に贈られた宝石や装身具を持参した芸術家の妻たちであった。ある農夫は、これこれの量の麦を贈ると表明した。ある小学生は、おそらく両親がお年玉あるいは褒美として彼に贈ったであろうコレクションを差し出した・・・。子どもそして女の贈り物、貧しき者の気前良さ、未亡人のわずかな寄付、これらの取るに足らぬものが、祖国の前、神の前では、偉大なものになるのだ！

野心、意見の対立、道徳の衰退に苦しむなかで、議会はこれらの人びとの寛大さに感動し、自らの力でこの難局を乗り越えた。ネッケルがフランスの欠乏と貧困について説明し、二か月のあいだ食つなぐための、三千万リーヴルの国債発行を要請に来たとき、幾人もの議員が個人の財産によって、議会のメンバーの財産によって保証することを求めた。まさに真の紳士であるフーコーが、最初に申し出た。彼は自分の全財産に相当する六十万リーヴルを充てることを提案した。

金銭的な自己犠牲よりもはるかに偉大な自己犠牲、それは富者・貧者を問わず万人による公的なものへの自己犠牲であり、彼らの時代の、彼らの不変の思想による自己犠牲であり、彼らの全活動による自己犠牲である。市町村が形成され、やがて県の行政が組織されると、市民が例外なく丸ごと取り込まれた。幾人もの市民がベッドを事務所に運び入れ、昼夜を問わず働いた。その疲労に、危険が加わった。前の行政の背信によって苦しめられた民衆が、彼らを非難し、脅したのである。フランスを救おうと努力する新しい行政官が、命の危険に晒された。

夜に歩哨に立ち、朝の四時か五時に、パン屋の前の列に並ぶ。長いあいだ待たされて、パンを手に入れる。一日は始まったが、作業所は閉まっている・・・。作業所と言ったが、どこも仕事がない。パン屋は、大抵は品切れ状態。あったとしてもパンを買う金がない。不運にも朝から何も口に入れていない者は、街中をさまよい歩く。家にいて不平と子供の泣き声を聞くよりは、外にいる方がよい。したがって、自分の時間と腕で自分と家族を養うにはしかない者は、なによりも公安を選んだ。そして私事を忘れた。

なんという崇高で無私な国民！なぜ我々は、この英雄の時代を、あまりにも知らずにいたのか？後に続いた恐怖、暴力、悲劇によって、革命の初期に見られた多くの犠牲的精神が忘れ去られた。あの時、あらゆる政治的事件よりももっと偉大な現象が世界に現れた。人間の能力である。それによって人は神となった。そして自己犠牲の力は増大した。

＊1　人間の原罪の重大性と恩寵の必要性を過度に強調したため、異端とされた。

＊2　腐敗していた教会を弾劾した啓蒙思想家。

第六章　拒否権

食糧確保の困難。情勢はどれほど緊迫していたか―国王は、全てを押しとどめることができるか？拒否権についての長い討論―宮廷の秘密計画。議会は一院制それとも二院制？イギリス派―議会は解散と刷新を必要とした。議会は不均質、不協和、無力であった。ミラボーの、内心の不一致と無力。（一七八九年八月〜九月）

状況は悪化している。フランスは新・旧の二つの制度の間で動揺し、進むことができずにいる。そして飢えていた。パリは偶然にも健在であるというべきである。食料の供給は常に不確実で、ボース地方からの馬車、あるいはコルベイユからの船による着荷に頼っていた。パリは大きな犠牲を払ってパンの価格を抑えていた。その結果、十里四方あるいはそれ以上離れた郊外の全てが、パリに供給することになった。問題は、広大な地域にいかに供給するかである。

パン屋は秘密裏に農民にパンを売ることを思いついた。パリ市民が店頭にパンがないことを知ると、パリに供給しない役所の不手際の所為にした。明日の不確かさと根拠のない警告が、困難さを増幅させた。誰もが備蓄した。ある者は大量に貯蔵し、ある者は隠匿した。窮地に立った役所はあらゆる方面に人を派遣し、有無を言わさず買い取った。ときには運搬中の小麦粉を、差し迫った状況にある近隣の市町村が襲い、強奪することもあった。ヴェルサイユとパリは、小麦粉を分け合った。しかし人の話では、ヴェルサイユは最も良質の部分を確保し、上等のパンを作った。これが根深い嫉妬の種となった。ある日ヴェルサイユの住民が、パリに向けて輸送中の馬車列を、無謀にも自分たちの方へ向きを変えさせるということが起こった。誠実で丁重な態度の、あのバイイが、もし小麦粉を返却しない場合は、明日にでも三万人の人々が探しに行くだろうとネッケルに書き送った。恐怖は彼を大胆にした。もし貯えが不足すると窮地に立たされる。深夜に、翌朝の市場に必要な小麦粉の半分しかなかったことが度々あったのである。

パリへの供給は、一種の戦争である。小麦粉の到着を護衛し、個々の売買を保証するために国民衛兵が派遣された。人々は武器を手にして、小麦粉を買い入れた。取引が厄介なので、農民は脱穀を、製粉業者は小麦を挽くことを望まなかった。相場師もしり込みした。カミーユ・

デムーランのパンフレットは、コルベイユにある王立製粉所の独占権をもつルルー兄弟を名指しで脅した。他方、買い占め会社の中心人物と見なされた別の男が、パリに隣接した森の中で自殺したか殺されたかした。彼の死は、五千万ルーヴル超という驚くべき巨額の倒産を引き起こした。彼の銀行に多額の預金をしていた宮廷が、ヴェルサイユに招集した多数の士官たちに支払うために、急に引き出したことはあり得ない話ではない。招集は、おそらく彼らをメッツに派遣するためである。金なしでは、内戦を始めることができない。

これはもう、パリに対する戦争である。もしかしたら、パリをこのような平和の中に留めることが最悪なのかもしれない。もはや仕事はなく、飢餓があるだけなのだ！

バイイは次のように語った。「私はモンマルトルで土地を耕すために住み着いた乞食の中に、自分を認めてもらいたいと願う真面目な商人、小間物商、彫金師がいるのを見ました。私が何について苦しんでいるか、察してください」。バイイはそれほど悩んではいなかった。わずかな虚栄心、すなわち上席権の問題、また国旗を祝別する説教を始める際の名誉に関する形式についての知識を満載している、彼の「手記」を読めばそれがわかる。

国民議会もまた、人民の苦しみについてそれほど悩まなかった。そうでなければ、果てしない些末な政治論議に手間取ることもなかったのである。改革の作業を急ぎ、全ての障害を取り除き、フランスが旧い秩序と新しい秩序の間に止まっている、陰鬱な期間を短縮しなければならないことは、議会も認めていた。しかし誰もが分かっている問題を、議会は分からなかった。全体の善意の意図と豊富な知識をもってしても、議会は状況をよく理解することができないようにみえる。議会は自らが抱える王党派と特権階級の抵抗によって停滞したが、最も著名なメンバーである文筆家や弁護士を抱える、弁護士団やアカデミーの流儀によってさらに停滞したのである。

まず是非とも早急にやらなければならないことは、無駄話をやめて八月四日の政令を前面に出し、遅滞なく批准を勝ち取ること、すなわち封建的世界を葬ることである。そしてこの全体的な政令からその適用を確定し、政治および行政に関する法律を演繹することである。すなわち革命を組織化し、武装化し、形と力を与え、一つの生命体にすることである。

なによりも急を要することが起こった。これはパリにとって寝耳に水であった。国王に立法に対する絶対的な阻止権（絶対的拒否権）、あるいは二年、四年もしくは六年のあいだ施行を停止する延長権を認めるか否かの問題を、議会が集中審議をするというのである・・・。四年、六年・・・なんということだ！明日の生死もわからないというのに。

議会は前進どころか、明らかに後退している。そして残念なことに、逆戻りを示す二つの選択をした。議会は前回、拒否権支持派であるラングルの司教ラ・リュゼルヌを議長に選んでいたが、今回も拒否権支持のムーニエを次の議長に指名した。拒否権を人の名前［ルイ十六世はムッシュ・拒否権と命名された―訳注］か、あるいは税金だと思った者もいたと誰かが言った。しかしそこには、笑いを誘うものは何もない。ただ冷笑があるだけである。然り、もし拒否権が改革と税の軽減を妨げれば、税金の問題である。然り、拒否権はすぐれて人の問題である。一人の人間が、「理由はいらない。私は拒否する」と言えば、それで充分なのだ。

昔、まったく異なる状況の下で書かれた覚書は、批准とその拒否を国王に認めていた。フランスは、特権階級に対抗する王権を信頼していた。王権が彼らを援護している今、果たして覚書に従わなくてはならないのであろうか?・・・従うくらいなら、バスティーユをやり直した方が良い。

特権階級に残された頼みの綱は、国王の拒否権である。遭難中の彼らは、国王を抱きしめ、国王が助かるにせよ、彼らと溺れるにせよ、国王が自分たちと運命を共にすることを願っていた。

議会はあたかも単なる制度上の闘いであるかのように、この問題を論じた。パリはそこに、それが一件の議題などではなく、危機それも重大な危機、そして革命の大義に関わることであると感じた。革命を救うか、失うか、それが問題だ。生か死か、それ以下の何ものでもない。パリのみが正しかった。歴史における新事実、すなわち宮廷一派の告白によって、我々はそう述べることができる。七月十四日は、何も変えなかった。事実上の大臣は、王妃の腹心であるブルトゥイユであった。ネッケルは、執務時間が終わるまで何もすることがなかった。王妃のまなざしは常に亡命と内戦に注がれ、心はメッツに、ブイエの野営地にあった。彼女のお気に入りの拒否権は、ブイエの剣だけであった。

人々には、革命が起こっていることを、議会が少しも認めようとしないように思えたかもしれない。演説の大半は、前世紀のことや他国の人民について費やされた。唯一シイエスのみが、拒否権を拒絶する演説をした。彼はそこで、権力間の相互侵害を防ぐための真の救済策は、たとえば行政権を裁定する機関のようなものを設けることではなく、人民の中にある憲法を制定する力に訴えることだという考えである。

シイエスは拒否権を、一般意志に背いて個人が発した封印状[*1]にすぎないと断定した。

他の議員からも、分別がある意見が出された。もし議会が二つの議会に分離されるならば、各々が拒否権をもち、立法権の乱用の懸念は少なくなる。その結果、国王に拒否権を与えることによって、立法権に対する新たな障壁を設ける必要もなくなるというのである。

一院制支持は五百票を得たが、二院制支持は百票にも満たなかった。上院に入る機会がない貴族が、イギリスのように大領主のための上院を設けることを警戒したのである。

イギリスかぶれの諸理論は、多くの論者によって執拗に再生されたが、シイエスが彼の著書である「第三階級とは何か」のある章の中で、とっくに論破していた。実に称賛に値することだ！この精神力による強靭な論理の人は、少しもイギリスに目を向けようとせず、その歴史についてもわずかな知識しか持たなかったが、イギリスの現在と過去についての詳細な研究によって我々が得た結論を、シイエスはすでに掴んでいた！彼はあの有名な三権のバランスが、一つの権力（イギリスでは貴族政治、フランスでは君主政治）のための喜劇そのものであり、欺瞞であることを完全に見抜いていたのである。イギリスは過去も、今も、将来も、常に貴族政治である。自分たちの権力を永続させようとする貴族政治の技法は、人民に分け前を与えることではない。自分たちの活動領域を外部に求めることであり、市場を開くことである。こうして貴族階級は、イギリスを地球の隅々まで拡大した。

拒否権に関しては、ネッケルが次の意見を議会に出した。議会が自ら閉会し、拒否権、すなわち、法案の成立を次の会期まで延期する停止的拒否権を、国王に与えるという内容である。

革命の直前に誕生した議会は、そこから抜け出たはずの、混沌としたアンシャン・レジームと変わりなく、きわめて異質の要素からなり、機能麻痺に陥っていた。シイエスが命名した国民議会の名に反して、議会は封建的なままであり、前の全国三部会と少しも変るところがなかった。才能と啓蒙的知識に溢れてはいたが、構成メンバーの救いがたい不一致という怪物を抱えていた。この怪物に、どのような実りと形成が期待できるというのか？

二つの原理の不一致によって、本質的なものは何一つ生み出さない無力さは、ミラボーに象徴される。この天才における自我の統合も、内部で諸理念、諸原理や主義が激しく戦っているのならば、何の役にも立たない。

ここでミラボーが陥っている状況ほど、人間の悲痛さを表わすものを私は知らない。彼はヴェルサイユで、絶対的拒否権に賛成の発言をしたが、きわめて曖昧な表現だったので、初めのうちは賛成なのか反対なのかよくわからなかった。

彼はあの奇妙な演説の中で、国王の批准は自由の保障であり、国王は人民の護民官のようなものであり、人民の代表であるという、昔の詭弁を擁護した。罷免も問責もされない責任なき代表で、決して釈明することのない代表であると！

ミラボーは根っからの王党派であり、その立場で誰彼となく支払われる手当を受け取ることに、何のためらいもなかった。彼にとっては、自らの信念を守ることが、なによりも大切なのである。我々は一つの事実、金銭以上に彼を堕落させたものを認めなければならない。それは、態度や言葉遣いに誇りをもつこの男からおよそ想像できないもの。恐怖である。

高揚し、拡大する革命の恐怖・・・。ミラボーは、この若い巨人が自分を支配し、やがて自分を淘汰すると見ていた・・・。それ故、いわゆる旧秩序、真の無秩序、真の混沌といったものに身を投じることになる・・・。そしてこの堪えがたい闘いの中で、死によって救われる。

＊1　封印状—王の封印を押した投獄・追放などの命令書

第七章　出版物

拒否権に動揺するパリ（八月三十日）。出版物の状況。新聞発行の増加。出版物の傾向。出版物はいまだに王党派。「パリの革命」の編集者、ルスタロ。ルスタロの提案、市庁舎で拒否される（八月三十一日）。ラファイエット、そして皆が知ることになった宮廷の陰謀。国民衛兵および人民から沸き起こった異議申し立て。議会の優柔不断な態度。ヴォルネイ、議会に解散を提案（九月十八日）。ネッケル、議会、宮廷、オルレアン公の無力。出版物さえ無力。

我々は二つのことを見てきたところである。耐えがたい状況、それに対する救済策を講じることができない議会。人民の運動が、一挙に困難を取り除くのか？七月十四日のような、自発的、大規模、全員一致の、真に人民の運動である限りにおいてのみ、それはありうるだろう。興奮が拡大し、動揺も激しくなったが、まだ部分的である。拒否権の問題が提起された最初の日（八月三十日、日曜日）から、パリ全体は警戒態勢に入った。絶対的拒否権が、人民主権の消滅としてとらえられたのである。パレ・ロワイヤルのみが一歩を踏み出し、次のことを決めた。ヴェルサイユに行き、議会の中に拒否権賛成の同盟が存在し、その構成員も明らかなことを議会に警告すること、もし彼らが断念しないならば、パリは行進を開始することを議会に知らせることである。じっさい数百人が夜の十時に出発した。先頭に立ったのは、猪突猛進で荒々しい男、その頑強な身体と野太い声が大衆受けする、サン・チュルジュ公爵である。アンシャン・レジーム下で投獄されたサン・チュルジュは、すでにアンシャン・レジームの激しい敵対者であり、革命の熱烈な闘士として知られていた。シャンゼリゼまで来ると、すでに集団は激減しており、またラファイエットが差し向けた国民衛兵によって、行進を阻止された。通行を確保するために、パレ・ロワイヤルは三度、四度と続けざまに、市に代表を送った。合法的に騒乱を起こし、当局の承認を得ようとしたのであるが、当局が同意しないことは言うまでもない。

そうしているうちにパレ・ロワイヤルでは、それよりはるかに堅実な、別の試みがおこなわれていた。結果がどうであろうとも、それは少なくとも、今日の大問題を全ての人民の議論にかけ、全体的な結論を得るに違いない。これからは、出し抜けに決議し、不意にヴェルサイユへ持ち込むことはできなくなった。パリは議会を注視し、監視する。出版物によって、そして市の議会、六十地区に分離しつつも一つである、大パリ市議会によって。

提案の起草者は、一人の若いジャーナリストである。この提案について述べる前に、「出版物」において形成される運動の概略を示さなければならない。

この人民の突然の覚醒は、自らの権利についてよく理解すること、そして自らの運命を決めることを、全ての国民に求めた。時代の動きは、すべて新聞によって取り上げられた。最も思弁的な精神も実践の場に引き出され、科学や文学はすべて休止させられた。つまり政治が生活のすべてとなったのである。

一七八九年の偉大な日々における新聞の発行は、次のとおりである。

一）五月および六月、全国三部会の開催、あなたはそこに民衆の誕生をみる。ミラボーの「プロヴァンス通信」、ゴルザスの「ヴェルサイユ通信」、ブリソの「フランスの愛国者」、バレールの「夜明け」等々。

二）七月一四日「バスティーユの奪取―訳注」の前日、全ての新聞のなかで最も人気がある新聞、ルスタロが編集する「パリの革命」が発行される。

三）十月五日および七日「ヴェルサイユ行進―訳注」の前日、「人民の友」（マラー）、「愛国年表」（カーラとメルシエ）、すぐ後に、最も機知に富んだカミーユ・デムーランの「ブラバン通信」、そして最も激烈な「人民の弁士」（フレロン）が出る。

この大運動の全体的な特徴、それがこの運動の素晴らしいところであるが、それはニュアンスの違いはあっても、ほとんど全体の一致が存することである。会話を拒む一紙を除いて「出版物」は、広い公開の会議場を思わせる。そこでは各人が順番に話し、全員がひたすら共通の目的について案じ、一切の敵意を排除する。

中央権力と闘うこの第一期の出版物は、概して地方権力を強化し、国家に対し市町村の諸権利を強調する傾向をもっていた。もし次の時代の用語を使うことができたとすれば、この時代はみんな連邦主義者のようだと言うであろう。ミラボーは、ブリソやラファイエットと同様、連邦主義者であった。もし自由がフランス全体のものにならなければ、連邦主義者は地方の独立の承認まで行く。ミラボーは諦めて、地方の伯爵になることを甘受するだろう。彼は自ら、そう述べている。

にもかかわらず、国王と闘っている出版物は、概して王党派である。「当時のフランスには、共和派は十人もいなかった」と、カミーユ・デムーランは語っている。あれこれの大胆な表現によって、その実際の影響力を見誤ってはならない。過激なデプルメニルは演説のなかで、

「フランスを『脱ブルボン化』しなければならない」と述べた。しかしそれは高等法院を王にするためのものでしかなかった。

抱えている矛盾をすべて解消しようとするミラボーは、諸王に反対するミルトン[*1]の過激な小冊子を訳させ、自分の名前で一七八九年に発行させた。それはまさに、彼が王権を擁護している時期であった。彼の友人たちは、出版禁止にした。

二人の人物が、共和制を説いた。この時期、最も多く発行した著者の一人、疲れ知らずのブリソ。そして才気、雄弁、勇敢を兼ね備えたデムーランである。デムーランの冊子である「自由なフランス」は、王政を激烈に風刺した簡単な歴史を内容としていた。この中でデムーランは、王政の秩序と安定を支えるものは、現実には絶えざる無秩序であったと指摘している。

世襲の王政は、あきらかに自らに内在する数々の不都合を埋め合わせるために、決まり文句を用意していた。平和、平和の維持である。だがそれは、少数派の抵抗や王位継承の争いによって妨げられただけではなく、さらにイギリス、イタリアとの戦争、そしてスペインの王位継承にかかわる戦争などで、フランスをほぼ永続的な戦争状態においた。

ロベスピエールは、共和制は誰も気づかないうちに、党派間に浸透すると言った。そしてより正確には、王政そのものが共和制を導き、その精神を後押しすると言った。もし人びとが自ら統治することを諦めるならば、王政そのものは簡素化し、容易に理解できるようになり、邪魔なものは取り除かれ、徳や努力から免除される。何！王政が障害だって・・・？王政が共和制を教え、王政がフランスを共和制に導くと、大胆に断言できるのだ。共和制から遠ざかり、共和制を疑うか、考えないかしているフランスを。

話を元に戻すと、時代の先端を行くジャーナリストは、ミラボー、カミーユ・デムーラン、ブリソ、コンドルセ、メルシエ、カーラ、ゴルザス、マラー、バレールのいずれでもなかった。皆が新聞を発行し、幾人かは大量に発行した。ミラボーは、有名な「プロヴァンス通信」を一万部発行した。

「パリの革命」は、「二十万部」に達した（数号にわたる）。これは史上最大の部数である。記者の署名はなかった。印刷屋が調停者と署名した。これは世間で最も知られる名前の一つとなる。この無名の記者は、ルスタロという。

ルスタロは一七九〇年に二九歳で亡くなったが、誠実で勤勉な真面目な青年であった。書き手としては中流であったが、重厚と情熱を兼ね備えた人物であった。彼の現実に即したスタイルは、この時代のジャーナリストの軽妙さと対照をなしていた。人々は彼の論調の激しさの中に、公正であろうとする努力を感じた。人民がより好んだのは、ルスタロであった。

彼に、その資格がないとはいえない。革命の初期に、抑制した勇気の証を一度ならず示した。フランス衛兵が人民によって解放された時、事態の解決法は一つしかないと言った。囚人である者は自ら牢獄に戻ること、そして選挙人たちと国民議会が、国王に特赦を求めることだと言った。また人々の誤解によって、パリ市の勇敢な司令官である善人ラサルが危地に追い込まれた時、ルスタロは彼を擁護し、弁護し、彼に対する支持を取り戻した。サヴォア人たちを追放しようとした召使たちの事件では、断固として、厳格な態度と賢明な判断力を示した。

真のジャーナリストであるルスタロは、今が必要とする男であって、明日の男ではない。カミーユ・デムーランが国王の廃止を内容とした「自由なフランス」を発行したとき、ルスタロはその中に誇張を見つけ、称賛しながらも、彼のことを興奮した頭脳と呼んだ。

当時はあまり知られていなかったマラーは、「人民の友」のなかでバイイを人間として、また役人として、激しく攻撃した。ルスタロは、バイイを擁護した。

彼は出版を、公的な職業、行政官のようなものと考えていた。抽象的な傾向はひとかけらもなかった。彼はひたすら民衆とともに生活し、そこから窮乏や苦痛を感じ取った。彼は何よりも、今日の大問題である生活必需品に没頭した。すなわちパンである。彼は、より速く麦を挽く機械を提案した。またモンマルトルで働かされる不幸な人々の様子を見に行った。この哀れな人々は、困窮のあまり、ほとんど人間の顔つきをしていなかった。まるで幽霊か骸骨の隊列のようで、哀れみよりも怯えを人々に抱かせた。ルスタロは彼らに寄り添う気持ち、心に触れる言葉、痛ましさへの同情を、そこに見出した。

パリは、留まることはできなかった。絶対王政を立て直すか、それとも自由を打ち立てるかである。

八月三十一日、月曜日の朝、人々の心が昨夜より平静であると感じたルスタロは、パレ・ロワイヤルで演説をした。彼は、救済策はヴェルサイユに行くことではないと述べ、激しくはないが、より大胆な提案をした。市庁舎へ行き、各地区に招集をかけ、議会で次の問題を提起しようというのである。（その一）パリは、国王の阻止権を認めるか？（その二）パリは、出身議員を信任、あるいは罷免することができるか？（その三）議員を選出した場合、その議員は、国王の拒否権を拒否するという特別の権限を持ちうるか？（その四）元議員が信任された場合、会期の延長を議会から引き出すことはできないのではないか？

すぐれて革命的であるこの規定は、時の要請に応えたものであった。その案の肝心なところは、数日後、当の国民議会において再び議論される。すなわち、議会の解散についてである。市庁舎を訪れたルスタロとパレ・ロワイヤルの代表団は、ひどく冷淡に扱われ、提案は拒否された。そして翌日の国民議会で非難された。

議会では、議長に届けられたサン・チュルジュと署名された脅しの手紙（だが彼は、手紙が偽物であることを主張）が皆を苛立たせた。サン・チュルジュは逮捕され、この騒ぎを口実に、国民衛兵がカフェ「フォイ」を閉鎖した。パレ・ロワイヤルにおける集会は禁止され、市当局によって解散させられた。

興味深いのは、それを執行するのがラファイエットだったことである。彼は、内心では常に共和主義者であった。生涯、共和主義に憧れながら、王権に仕えた。彼には、民主主義的王政あるいは王権による民主主義が、過渡期として必要と思われたのである。迷夢から覚めるためには、二つを経験することが必要であった。

宮廷はネッケルと議会を欺いたが、ラファイエットを欺くことはなかった。ラファイエットは依然として宮廷に仕え、パリを抑えた。流血を伴った人民の暴力にたいする恐怖が、七月十四日の再現という想念を前にして、彼をたじろがせた。では宮廷が準備しつつある内戦で流す血は、それほど尊くはないというのか？この人類の友にとって、それは重大かつ悩ましい問題である。

ラファイエットは、全てを知っていた。九月十三日、元海軍大将、現ヴェルサイユの国民衛兵の指揮官であるデスタンを自宅での食事に招いた折、デスタンの知らないヴェルサイユの情報を教えた。国王および王妃の深い信頼を得ていることを自認するこの勇猛な男は、次のような情報を握っていた。国王をメッツに移すこと、すなわち内戦を始めるという不可避的な計画に行きついたこと、ブルトゥイユがオーストリアの大使と協力して準備中であること、騎兵隊、憲兵、そして三分の二が貴族である九千人の宮廷人をヴェルサイユに集めていること、モンタルジスを占領し、そこで実行者であるヴィオメニル男爵と合流することであった。この世紀のほとんど全ての戦争に従軍し、最近はアメリカの戦争に従軍した男爵は、とつぜん反革命に身を投じた。おそらく革命初期に重要な役割を果たしたと思われるラファイエットに対する嫉妬心からであろう。パリを飢えさせるには、パリに通じるすべての道を閉鎖し、輸送車列を分断するだけで充分であった。金には不足しなかった。いたる所からかき集め、引き出し、月に百五十万フランは確かであると思われる。残りは聖職者が補充するだろう。あるベネディクト派の代理人は、彼一人で五十万フランを拠出したと答えている。

老海軍大臣は、十四日月曜日に王妃に手紙をしたためている。「私は海戦の前夜でもよく眠れたものです。しかしあの恐ろしい暴露いらい、瞼を閉じることができなくなりました・・・」。ラファイエットのテーブルで給仕をしていた召使のなかの、おそらくそれを耳にしたであろう一人が、震えていた。「私は、一言でも口にすれば、お前は死ぬことになるかもしれないと注意しました」。それに対しラファイエットは、アメリカ仕込みの冷静さで次のように答えた。「同じ死ぬなら、皆を救うために一人が死ぬ方がマシでしょう」―危険に晒される首はただ一つ、王妃の首である。

スペインの大使が、同様の情報をデスタンに語った。大使はある重要人物からすべてを知った。その人物は、宮廷が回覧させている結社のリストに署名するよう勧められた。

こうしてこの機密事項は、十三日にはサロンを、十四日から十六日にかけて街頭を駆け抜けた。十六日には、今は国民衛兵となったフランス衛兵の擲弾兵がヴェルサイユへ行き、前の任務に復帰し、宮殿と国王を護衛したい旨を表明した。二十二日、この大陰謀が「パリの革命」に掲載され、フランス中がそれを読んだ。

強い、むしろ強すぎると自負するラファイエットは、一方でパリに対する恐怖心をかき立てることによって宮廷を抑え、他方で国民衛兵による暴動の鎮圧によって、パリを抑制しようとした。彼は国民衛兵の献身につけ込み、濫用しながら、行商人の声を規制し、パレ・ロワイヤルを沈黙させ、群衆を解散させた。そして彼自身が恐れていた、扇動された群衆にたいして、治安と侮蔑が入り交じった小競り合いを引き起こした。彼は陰謀があることも知っていた。にもかかわらず、陰謀について語る者たちを追い散らし、逮捕した。うまく操ることによって、ラファイエットは、国民衛兵と人民との間に致命的な対立を生み出したのである。人々は、隊長や士官が、貴族、金持ち、名士であることに気づき始めた。全体に国民衛兵は減少しつつあり、その制服、最新の武器を自慢する彼らは、人民の目には特権階級のように映った。しかしブルジョアや商人は騒擾に苦しみ、田舎の地所から得るものもなく、収入もなかった。彼らは毎日招集され、疲れ、過労状態にあった。彼らは毎日、この状態が終わることを望み、群衆を彼らに敵対させたいくつかの出来事について、苛立ちを示した。ある時は、かつら師の集会に対して抜刀し、流血に至った。またある時は、国民衛兵について遠慮のない冗談を言った者たちを逮捕した。ある娘は、彼らをからかって、逮捕されて鞭で打たれたと語っている。

人民の苛立ちは、国民衛兵をかつてなく糾弾するまでになった。それは宮廷に手を貸すことへの糾弾でもあり、ヴェルサイユの陰謀に対する糾弾でもあった。

ラファイエットは裏表のある男ではなかったが、彼がおかれている立場がそうさせた。彼は大臣のサン・プリエストに警告を与え、擲弾兵がヴェルサイユに復帰し、国王の警護にあたるのを阻止した（九月十七日）。この警告の手紙は最大限に活用された。フランドル連隊の派遣要請を説得する際にも利用された。ヴェルサイユの国民衛兵の一部にも要請があったが、多数派が拒否した。このフランドル連隊は極めて胡散臭い。なぜなら、彼らは改めて宣誓することを拒否していたのである。そして大砲、弾薬車、荷車とともに、騒々しくヴェルサイユに入ってきた。同時に宮殿側は、勤務を終えた護衛を引き留め、護衛の数を二倍にした。あらゆる階級の士官が連日着任した。それはあたかも、戦闘を明日に控えた昔の貴族が、到着の遅れを危惧しているようであった。

パリは不安を抱き、国民衛兵は憤慨した。人々は国民衛兵の意思を探り、働きかけたが、疑念しか生まれなかった。バイイは、パリの動揺を国王に伝えるために、好人物の老ドュソーを団長とした使節団を派遣した。

この時期の国民議会の態度は奇妙であった。ある時は眠っているようにも見え、またある時は不意に目を覚ますようにも見えた。今日は荒々しく、明日は節度をもち、遠慮がちであった。九月十二日の朝、議会はあの八月四日、自分たちが採決した、あの革命のことを思い出した。諸政令が出されて五週間が経ったが、フランス中が喜びをもってそれについて語ることも、それを適用することもなかった。議会もそれについて語らない。十二日、布告の取り組みに関して法務委員会が、八月四日の決定に従い、法令を実効あるものにすることを求めた際、まずフランシュ・コントの議員が口火を切った。「八月四日の政令の公布を妨げるために躍起になっている人々がいる。政令は日の目を見ないだろうと主張する人々がいる。今こそ、国王の印璽が捺された政令を見る時である・・・。人民は待っている・・・」。

この言葉は、強烈に人々の心をとらえた。議会は覚醒した。穏健派で、立憲王政の雄弁家であるマルーエが、(意外にも)この提案を支持した。他の者も同様であった。八月四日の政令が国王の批准を求めて提出されることが決まった。

この突然の展開、穏健派をも含めたこの挑戦的な態度を見れば、ラファイエットやスペインの大使、その他パリで語られたことについて、最も影響力をもつ議員たちが、無知ではなかったことがわかる。

翌日、議会は自らの活力に驚いたようにみえる。宮廷は、八月四日の政令の批准を決して国王にさせないであろうと予見する者もいた。そして国王の拒否が、恐るべき運動、すなわち革命の第二の激発を引き起こすのではないかと。ミラボー、シャプリエ、その他の者は、これらの政令は厳密には法律ではなく、憲法の諸原理は国王の批准を必要としない、公布は十分にできると主張した。大胆かつ遠慮がちな意見である。大胆なところは、国王なしで済ますことである。遠慮がちなところは、政令の吟味、批准もしくは拒否から国王を免除することであり、拒否もなく、衝突もない。事は成り行きによって、即ちあれこれの地方の、それぞれ支配的な党派に従って決められる。こちらでは、八月四日の決定を、議会が公布したものとして適用する。あちらでは、国王が批准していないものとしてうまく逃れる。

十五日、議会は、まるで国王を引き立てるためであるかのように、王権の不可侵性および世襲を、歓呼で決議した。それでもなお、八月四日については、曖昧で、引き延ばしの回答しか得られなかった。国王はいっさい批准しなかった。長々と述べ立て、ある条文については非難し、他の条文は評価し、どの条文も修正なしには認めなかった。ネッケルの手法にも、何事につけ、ぎこちなさ、躊躇、妥協が見られる。宮廷はまったく別のものを用意していたが、おそらくこの回答なき回答が、議場の注意を引き付けるだろうと思った。議会は激しく動揺した。シャプリエ、ミラボー、ロベスピエール、ペティオン、そして概して過激ではない他の議員たちは、諸条文の批准、そして単純明快な公布を期待しようと主張した。大討論が起こった・・・。そして予期せぬ、しかし極めて理にかなった動議が、ボルネイから出された。「この議会は、利害と感情があまりにも不一致だ・・・選挙のあらたな条件を決めて、我々は辞職しようではないか」。拍手が起こった。だがそれだけだった。ミラボーが、議会は憲法をつくるまでは散会しないことを誓ったと反論した。

二十四日、ネッケルが報告のために議会を訪れた。最初の三千万リーヴルの国債の引き受けは、二百万リーヴルのみである。二度目の八千万リーヴルの国債も、千リーヴルにとどまった。彼が管理し、回復すると信じていた信用は、消失した・・・。ネッケルは、国民の犠牲的精神に訴えるために来たのである。唯一の救済策、それは国民自ら実行すること、すなわち収入の四分の一を自らに課税すること。ネッケルは、今は少なくしか払えない者がより多く払えるようになり、収入の四分の一というこの巨額の税を自分に課すようになるだろうという奇跡、漠然とした願望にすがった。

この大臣と同じくらい無力の議会も、ネッケルの盲信に付き合わされた。議会の疑念をすべて打ち破り、取り除いたのは、ミラボーの驚嘆すべき演説であった。ミラボーは、自分たちの下には破産、恐るべき破産の深淵が口を開けて、議会を、そしてフランスを飲み込もうと待ち構えているのだ・・・と訴えた。議会は採決した。

不可能、対立、八方ふさがり。これがすべての人びと、すべての党派にとっての、情勢の核心である。一言でいえば、何人もなしえず、である。

議会はなしえず。議員についても原理についても不協和な議会は、おのずから無能である。暴動に直面し、また自分たちの声をかき消す出版物の新たな雑音によって、さらに無力になる。議会は、打倒の対象であった王権に自らすり寄ろうとする。しかし打倒される側は、議会と敵対し、議会を粉砕しようとする。こうしてパリが、宮殿が、議会を恐怖に追い込む。国王が批准を拒否した後、議会はパリの怒りが増大するのを怖れて、あえて自分たちの怒りを抑えた。議会は、大臣たちの責任についての声明の他は、状況に応じたことは何一つしなかった。県の行政区分、刑法についての討議は、がら空きの議場でおこなわれた。議場は反響するほどまばらで、出席者はせいぜい六百名を数えるほどであった。議会は、確固不動のバランスの化身であるムーニエを議長にしたが、ムーニエこそ、すべてを実行することの困難さ、そして全体の麻痺状態を最も良く体現している。

宮廷は何かできるのか？今のところ、何かできると思っている。

だれもが情勢に疎く、現実の全体的な力を見ようとせず、出来事をあれこれの人物に結びつけ、滑稽なほど個人の力を過大に評価した。人々は好悪の感情に従い、奇跡を信じ、怪物を信じ、英雄を信じた。宮廷は何かにつけて、オルレアン公あるいはラファイエットを非難した。がんらい堅固な意志をもち冷静であったラファイエットも、空想家になった。彼もほぼ、混乱の全てはパレ・ロワイヤルの仕業であると考えていた。

一人の妄想家が「出版界」に登場した。軽信、無分別、激昂のマラーである。彼は妄想するままに糾弾の相手を選び、今日はある人物を、明日は他の人物を死に価すると指名した。彼はまず、飢饉の全ては一人の人間の仕業であり、ネッケルが至る所で小麦を買い占め、そのためにパリには小麦がなくなったのだと主張することから始めた。

ただマラーは始めたばかりで、影響もまだ微小である。彼は、すべての出版物と対照をなした。出版物は、非難はするが漠然とであった。何をすべきかそれほど分かっていない人々のように、不平を言い、憤慨した。出版物は総じて、「革命の第二の激発」が起こるだろうと見ていた。しかしどのようにして？どのような明確な目的をもって？それを的確に言えないのである。他の権力が無力な中、この若い権力である出版物は、解決策を示すことで、とつぜん大きく成長した。しかし出版物自身は、まだ無力なままである。

出版物は十月五日［ヴェルサイユ行進―訳注］に先立つ数日間、わずかしか発行されなかった。議会も然り、市庁舎も然りである・・・。しかしながら、誰もが、なにか大きなことが起こることを予感していた。ある日ミラボーは、ヴェルサイユで彼の本を扱う本屋の訪問を受けた。三人の秘書に席を外させると、ドアを閉めてこう言った。「ブレゾ君、やがて君はここで大きな不幸を、流血を目撃するだろう。私は友人として、君に知らせておきたかった。しかし恐れることはない。君のような勇敢な男には、危険などない」。

＊1　イギリスの詩人（一六〇八～一六七四）。「失楽園」の著者であり、共和派の運動家でもあった。

第八章　人民、国王を迎えに行く（一七八九年十月五日）

人民のみが救済策—国王を迎えに行く—を見い出す。ヴェルサイユの王たちの利己的な態度。八方ふさがりのルイ十六世。行動をおこすように懇願される王妃。憲兵たちの饗宴（十月一日）。国の徽章への侮辱。パリの苛立ち。女たちの貧困と苦しみ。女たちの健気な同情。女たち、市庁舎へ侵入（十月五日）。女たち、ヴェルサイユへ行進。議会がそれを知る。マイヤールと女たち、議会の前に立つ。ロベスピエール、マイヤールを支持。国王の前に立つ女たち。宮廷の不決断。

十月五日、八千人あるいは一万人の女たちが、ヴェルサイユへと向かった。多くの民衆がそれに続く。国民衛兵がラファイエットに、夜も指揮するよう迫った。翌六日、彼らは国王をパリに連れて帰り、パリに住むことを余儀なくさせた。

この大運動は七月十四日［バスティーユの奪取─訳注］の後、革命が見せた最も全体的な運動である。行動に参加しなかった者もその成功を望み、国王がパリにいることを皆で喜んだという意味では、全体一致の運動であった。

ここでは諸党派の行動を追うべきでない。行動はしたが、それは取るに足らぬものであった。女たちの、そして最も貧しい民衆の、この運動の現実的で疑う余地のない動機は、飢え以外の何ものでもない。ヴェルサイユでは、飢えた者たちが騎兵を落馬させ、馬を殺しほとんど生のまま喰った。

男たちの大多数、すなわち人民あるいは国民衛兵にとっての運動の動機は、名誉であり、革命の象徴として全フランスに採用された、パリの徽章に加えられた侮辱である。

だが、もし女たちが先に立たなかったら、男たちはヴェルサイユに向けて行進したであろうか？それは疑わしい。女たちより前に、国王を迎えにいくという考えをもつ者など、一人としていなかった。八月三十日に、パレ・ロワイヤルの連中が、サン・チュリュルジュとともに出発した。しかしそれは不平を届け、拒否権を討議している議会を脅すためであった。十月の運動は、人民のみがイニシアティヴをとった。人民のみが、国王を獲得するために出発した。人民のみがバスティーユを奪取したように。

人民の中の最も人民的なもの—最も人民の本能をもち、人民の霊感を受けたものと私は言いたいのだが—それは、間違いなく女たちである。彼女たちの考えはこうだ。「パンが不足しているならば、国王を迎えに行こう。国王が私たちと共にいれば、パンが不足しないように気を配ってくれるだろう。パン屋を迎えに行こう！・・・」。

率直かつ洞察力をもつ意見である！・・・。王たるもの、人民とともに生き、人民の苦痛に目を向け、その苦痛を味わうべきである。同じ家族の一員の如く。昔は結婚式と戴冠式は、いくつもの点で繋がりがあった。王は人民と結婚したのである。王政が専制的でなければ、まず結婚があり、共同体があるべきである。そして両者は、庶民的ではあるが、力強い中世の言葉に従って生きるべきである。「一個のパンと、一杯のワインと共に」。

この王たちがよそよそしく、無情で、残酷になったとしたら、その驚きはどれ程のものであろうか？このヴェルサイユにおける孤独がなかったら、王たちはこれほど無感覚になりえたであろうか？世界は、一人の人間のために特別に作られたのか？百万人を追放したルイ十四世然り、飢饉に投機したルイ十五世然り。

パリの全体一致は、バスティーユを倒した。国王および議会を征服するには、もういちど全体一致が必要である。国民衛兵と人民の間には、離反が生まれつつある。両者を接近させ、共通の目的で協力させるには、やはり宮廷の挑発が必要である。いかなる政治的分別も、事を起こすことはできない。愚かさが必要なのだ。

これこそ確かな解決法、人びとがあがいているこの耐えがたい状況から脱する、唯一の手段である。この愚かさは、ルイ十六世にとって大きな障害、面倒にならない限り、王妃の一派がずいぶん前からおこなってきたことである。今までの習慣を変えることを嫌う者はいない。しかし国王から狩猟と錠前づくりの楽しみを取り上げ、就寝時間を早め、食事と礼拝の時間を不規則にし、田舎を馬で駆けさせ、ヴァン・ダイクが描いたシャルル一世のような、敏捷な遊撃兵に仕立てることは、なかなか容易なことではなかった。その分別をもって、国王は国民議会にたいし自分の意志を表明するという危険を冒そうとするのである。

他方、習慣そして幼年期の教育が形成した考えに愛着する国王は、王権の権威の低下よりも革命に苛立った。彼はバスティーユの陥落に対する不満を隠そうとはしなかった。中尉や士官となった従者や召使いが着ている国民衛兵の制服、ミサ曲を唄う礼拝堂の楽士が着ている大尉の軍服の全てが、国王の目に障った。国王は、召使いが「この場違いな服装で自分の前に現れる」ことを禁じた。

いかようにしても、国王の心をいずれかに動かすことは困難である。議論すれば、国王の思考は常にきわめて流動的で、それでいて長年の習慣、根づいた思想のなかにあって、抗しがたいほど頑固である。彼があれほど愛した王妃さえも、説得によって得るものは何もなかった。国王には恐れもない。聖油を受けた、不可侵かつ神聖な王としての自覚がある。何を恐れるというのか？

そうしている間に、王妃はさまざまな感情、陰謀、利害への執着の渦に飲み込まれていた。高位聖職者と領主、つまりかつて王妃にさんざん中傷を加えたこれら特権階級の連中が、いま王妃に近づき、彼女の住いに群がり、両手を合わせて王政の救出を懇願しているのである。彼らに耳を傾けるのは、王妃しかいない。その天分と勇気をもっている。今こそマリー・テレーズ［神聖ローマ帝国の皇后］の娘として、本領を発揮するときである。さらにまったく性格を異にする二つのタイプの者たちが、王妃に勇気を与える。一つは、王妃に剣を捧げる勇敢で堂々たるサン・ルイの騎士、すなわち士官あるいは地方の貴族である。もう一つは、プランを示し、実行を引き受け、成功を受け合う企画者および陰謀家である・・・。ヴェルサイユは、こうした王権に仕える「フィガロ」［従者─訳注］たちに囲まれているようにもみえる。

才気に富んだ人びとの全てが、王妃を中心に手を結ぶ、神聖同盟のようなものが必要である。国王は彼らの愛のほとばしりに取り込まれ、もはや逆らわない・・・。革命的な党派の運動は、一回のみである。それに敗北すると、直ちに消え失せる。それに対して大地主のすべてを含むもう一つの党派は、何度も十分な運動ができ、長期間戦える資金もある・・・。事がうまく運ぶには、兵士が人民の全体一致に動揺しないこと、自分たちも人民であることを決して思い出さないようにするだけで充分である。

国民衛兵に対する人民の嫉妬心が大きくなり、おそらくそれが宮廷を大胆にし、パリが無力であると宮廷に思わせている。パリは、時期早々の示威運動が起こる危険を孕んでいる。それは敗北への道だ。新たな近衛兵が、三か月の勤務のために到着した。彼らはパリあるいは議会との関わりはなく、新思想にも無縁の、地方の純正な王党派で、一族がもつ先入見の全てを身につけ、国王、ただ国王のみに仕えることを父母から言い聞かされて出てきた。この近衛兵の中には、宣誓をしない自由の友も数名いたが、全員が常に白の帽章［ブルボン朝の色―訳注］をつけていた。近衛兵は、フランドル連隊あるいは他のいくつかの隊の士官たちを誘い、彼らと合流する大食事会を開いた。そして交流を持ちたいと思っていたヴェルサイユの国民衛兵からも、数名の士官が選ばれ、参加を認められた。

宮廷を最も憎悪する都市は、宮廷を最も注意深く見ている都市であることを知るべきである。ヴェルサイユのことである。宮廷に雇われていない者も、宮廷の召使も、全て革命派である。

この豪華さ、華麗な服装の従者、傲慢と蔑み、常に変わらぬこの眺めは、住民の妬みと憎しみを培ってきた。その住民の感情は、ルコワントルを彼らの国民衛兵の中佐に任命した。不屈の愛国者、そして心に憎しみをとどめる、気性の激しい布商人である。

士官の幾人かに届けられた招待状は、招待された者たちの自尊心を満たすよりも、招待されない者の不満を掻き立てる方に作用した。兵士たちの晩餐は、オランジュリー［オレンジ園―訳注］その他いたる所でおこなわれた。国王は、壮麗な演劇の間を開放するという、前例のない配慮を見せた。そこは、オーストリア皇帝ジョゼフ二世の訪問いらい、一度も祝宴に使われることはなかった。ワインが惜しみなく振舞われた。兵士たちは、国王、王妃、王太子の健康を祈って乾杯した。ある者は、「国民の」健康とつぶやいた。しかしそれを咎める者はいなかった。デザートが出される頃に、フランドルの擲弾兵、スイス兵、その他の兵士が案内された。彼らは飲み、感嘆し、見たこともない幻想的な輝きに目がくらんだ。各部屋は四方に鏡が張り巡らされ、あらゆる方向に光を反射していた。

扉が開き、そこに国王と王妃がいた・・・。兵士たちは、狩りから戻ってきたばかりの国王を導いた。着飾った美しい王妃は、子供を抱いて各テーブルを廻った・・・。若者たちの感激は頂点に達し、我を忘れた。

このことは認めなければならないが、王妃は他の時代の王妃にくらべ、勿体ぶるところが少なかった。彼女のために身を捧げようと思う心を、落胆させることは決してなかった。王妃は、ローザンの兜の羽根で髪を飾ることも拒まなかった。

この一憲兵の思い切った申し出が、怒りもなく処罰もなく受け入れられ、王妃が彼によって昇進を手にしたという好意的なアイロニーと受け取られることが、一つの伝統でさえあるかのようであった。

あまりにも壮麗で、あまりにも不吉な！・・・。王妃が国王と退出する際、この感動的な曲が演奏された。「おぉ、リチャードよ、おぉ、わが王よ、世界はあなたを見放した！」である。この瞬間、兵士たちの心の抑制が効かなくなった。幾人もの兵士が自分の帽章を引きちぎり、王妃の祖国であるオーストリアの黒の帽章を手にして忠誠を誓った。少なくとも三色帽章は全て裏返しにされ、白の帽章となった。演奏は続き、ますます情熱的で激しいものになった。「ユランたちの行進曲」が演奏され、それが突撃の合図となった。全員が立ち上がり、敵を探した・・・。敵を見つけることができない彼らは、しかたなく各部屋に侵入し、さらに外に出て大理石の中庭まで来た。デスタンの副官であるペルスヴァルが大バルコニーに突撃し、そこを占領し、「敵は我々の手に落ちた」と叫んだ。彼は白の帽章を誇示した。フランドルの擲弾兵がひとり、登ってきた。ペルスヴァルは、身に着けていた自分の帽章を引きちぎり彼に与えた。竜騎兵も登ろうとした。しかし躓き、大きくよろめいた彼は、絶望して自決を望んだ。芝居を仕上げるかのように、半ば酔い、半ば狂った他の一人が、自分はオルレアン公のスパイだと叫び、自分に傷を負わせた。嫌悪した彼の仲間が、殆ど足蹴によって彼を殺した。

宮廷中が、このばか騒ぎの陶酔に感染したようにみえる。王妃はヴェルサイユの国民衛兵に旗を贈るときに、「まだ魔法をかけられているみたい」と言った。十月三日に新たな宴会が催され、いっそう大胆になっていく。言葉は歯止めを失い、反革命が大っぴらに闊歩する。国民衛兵は怒りを抑えた・・・。国民衛兵の制服は、国王の前では認められなくなった。ある士官がもう一人の士官に、「よくもそんな服を着て、平気だね」と言った。大回廊やアパルトマンでは、婦人たちが三色帽章を流行らせるのを止め、ハンカチやリボンで白色の帽章を自分でつくり、縫い付けた。娘たちは思い切って、着任した騎兵たちの宣誓を受け、手への接吻を許すことにした。「この帽章をお取りになって、大事に持っていてください。それは幸運を運び、これのみが勝利をもたらすのです」。これらの美しい手、このしぐさ、この贈り物、どうして拒むことができようか？しかしながら、これは内戦であり、死である。明日はヴァンデへ・・・。

ヴェルサイユの勇敢な国民衛兵は、自己防衛に苦闘している。隊長のひとりが、女性たちによって、否応なく巨大な白色の帽章を着用させられた。布商人のルコワントル中佐がこれに憤慨し、毅然として言った。「一週間も経たないうちに、この帽章は変わるのだ。あるいは全てなくなる」。彼は正しいことを言ったのだ。誰がこの象徴の全能を無視することができるというのか？三色は七月十四日であり、パリの勝利は「革命」そのものである。すると一人のサン・ルイの騎兵がルコワントルを追いかけてきて、どんなことがあっても自分は白色の闘士になると宣言した。騎兵はルコワントルをつけ回し、待ち受け、罵った・・・。

ルコワントルは国民議会へ直行し、近衛兵に宣誓を求めることを軍事委員会に促した。そこにいた古い近衛兵たちは、宣誓は決して得られないだろうと言った。委員会は、衝突の口実を与え、流血を招くことを恐れて何もしなかった。しかし流血を招いたのは、まさにこの慎重さだったのである。

パリは、自分たちの帽章への侮辱にたいして激しく反応した。市章が引きちぎられ、踏みつけられる屈辱を受けたと人びとは語った。二度目の宴会の日、土曜日の夜、ダントンはコルドリエの会場で怒りをぶちまけた。日曜日、いたる所で黒と白の帽章が奪われた。大衆とブルジョア、制服と平服とが混じった集まりがあちこちで見られた。カフェの中、カフェの入り口、パレ・ロワイヤル、サン・タントワーヌ街、橋の袂、あるいは河岸で。そして恐ろしい噂が広まった。まもなく始まるだろう戦争、王妃および王弟たちとドイツの王弟たちとの同盟、パリで見かけた緑と赤の外国兵の軍服、もはや二日に一度しか来ないコルベイユからの小麦、進行する欠乏、厳しい冬の接近・・・。人々は次のように言った。もう一刻も無駄にする時間はない。戦争と飢えを未然に防ぐためには、国王をここに連れて来なければならない。でなければ奪いに行こう。

これら全てのことをより強く感じていたのは、女たちであった。極度に達した辛苦が、無慈悲に人々の家庭を襲った。三日の土曜日の夜、一人の女が差し迫った危機を訴えた。夫がまじめに聞こうとしないのを見て、カフェ・フォイまで走って来たのである。そこで反国民の帽章を非難し、国家の危機を指摘した。月曜日、一人の娘が中央市場に太鼓を持ち込み、非常呼集の太鼓を鳴らし、街の女たち全てを先導した。

このようなことは、フランスにおいてしか見られない。フランスの女たちは勇敢にふるまい、そしてじじつ勇敢である。このジャンヌダルク、[*1]ジャンヌ・モンフォール、[*2]ジャンヌ・アシェット[*3]の国は、百人の女の英雄の名を挙げることができる。七月十八日、国王がパリを訪れたとき、多くの女たちが武装した。女たちは、われわれの「革命」の前衛にいたのである。それは驚くに当たらない。女たちは、より多く苦しんでいたのである。

窮乏は過酷さを増し、弱者を襲った。男より、女や子どもをより苦しめた。男たちは街中を往来し、食い物を探し、その日の分をなんとか確保する。女たち、貧しい女たちの多くは家に閉じこもり、椅子に座って紡ぎ、縫い物をしているが、全てが不足している今、生活費を稼ぐ状態にない。考えるのも辛いことではあるが、女は夫婦でしか生活することができない依存的な存在であり、男より孤独になりがちである。男はいたる所で仲間を見つけ、新しい関係をつくる。女は家族の他に何もない。その家族が彼女を悩ませる。全てが重荷となって、彼女にのしかかる。女は家具がない、寒くがらんとした家の中で、泣く子、病気の子、死にかけている子、もう泣くことがない子・・・と過ごす。あまり注目されないことだが、母親にとって最も悲痛なことは、おそらく子どものわがままであろう。子どもは、母親が全てを満たしてくれる守護神のように思い、足りないものがあれば激しく責め立て、喚き、怒り出し、母親にさらに悲痛な苦しみを加える。

以上は母親の場合である。家族もなく、支える人もなく、独り暮らしの、多くの哀れな娘たちにも触れよう。彼女たちは、醜いか貞節であるために、男友だちも、恋人もなく、人生の喜びを少しも知らない。娘たちの僅かな手間賃では、もう食べていけない。そして自分の代わりが補充されているとは知らず、屋根裏部屋に上がって仕事を待ち、時には死んでいるところを隣人によって発見される。

これらの不幸な人々は、不平を言い、自分のおかれている状況を把握し、境遇に対して抗議するほどのエネルギーをもっていない。この大窮乏の際に行動し騒乱を起こすのは、壮健で、窮乏による疲弊がより少ない者であり、極貧者より貧乏人である。そして多くの場合、真っ先に行動を起こす勇気がある者は、自分のことより他人のために心を痛める、寛容な心をもつ女たちであった。男たちの憐憫の情は、無気力で、受け身に働き、他人の不幸に目を瞑りがちである。女たちのそれは、極めて行動的で荒々しく、時々それは英雄的にもなり、最も大胆な行動に駆り立てる。

十月五日、もう三十時間も何も口にしていない、不幸な人びとの一団があった。この痛ましい光景に人びとは心を痛めたが、何かをしようとする者はいなかった。時の経過の冷酷さを嘆きながらも、自分の中に閉じこもった。四日（日曜日）の夕、ある勇敢な女性が、これ以上このような惨状を見ることはできないと、サン・ドニからパレ・ロワイヤルまで走った。そして群衆の気取ったおしゃべりの騒音の中に現れ、たちまち聴衆を増やしていった。この三十六歳の女性は、身なりも良く誠実であったが、演説は力強く大胆であった。彼女は、皆でヴェルサイユに行くこと、そして自分がその先頭に立つと訴えた。聴衆から冷やかしの声が上がると、その一人に平手打ちを喰わせた。翌日、彼女は最前列で出発した。馬上で剣を手にし、市から引き出した大砲一門を、ヴェルサイユに向けて引いていった。着火用の灯心には、すでに火が点っている。

旧体制とともに無くなったと思われる職業に、木彫師があった。多くの職人が、教会や住居の仕事をした。女性の木彫師も多かった。その中の一人、マドレーヌ・シャブリは木彫を止めて、ルイゾンの名でパレ・ロワイヤル広場の花売り娘として身を立てた。美しく機智に富んだ十七歳の娘であった。人びとは、彼女をヴェルサイユへ導いたのは飢えではないと強く確信した。彼女は全体の熱気、そして自らの優しさと勇気に従ったのである。女たちは彼女を先頭に立たせ、自分たちの弁士とした。

飢えに導かれたのではない者は他にもいた。女商人や門番、修道女、売春婦たちである。彼女たちはしばしば、同情と慈悲の心を示した。中央市場の女たちも多く参加した。彼女たちは強固な王党派である。しかしそれ故になおさら、国王はパリにいてもらいたいのである。いつのことだったか、ずいぶん昔に、国王に会う機会があった。その折に、彼女たちは心から親しげに国王に語りかけた。それは笑いを誘いながらも親しみを込めた、その場の雰囲気を彷彿とさせる言葉であった。国王を見つめながら「お労しいお方！親愛なるお方！お優しいお父さん！」王妃には、より率直な言葉が投げかけられた。「王妃様！王妃様！心をお開きください！・・・もっと打ち解け合いましょう！お互いに隠し事なく、言うべきことを率直に口にしましょう」。

市場の女たちは、それほど貧窮しているわけではない。生活に必要な商品をあつかう彼らの商売は、あまり影響を受けない。しかし彼女たちは、誰よりもよく窮乏を見てきたし、心を痛めてきた。いつも広場で過ごしている彼女たちは、苦痛のありさまを目にせざるを得ない。このほど憐れみと思いやりを示す者は、他にはいない。この不幸な人びとにとって、彼女たちのみが好ましい存在であった。粗野な外見と荒っぽく下卑た言葉づかいによって、しばしば心の気高さと無限の優しさをも表わす。あのピカルディの女たち、アミアンの市場の貧しい野菜売りの女たちが、死刑台に向かおうとする四人の子どもの父親を救ったことをご存じであろう。それはシャルル十世の聖別式［一八二五年五月二十九日の戴冠式—訳注］の時であった。彼女たちは自分たちの商売、家族を放ってランスへ行き、国王に涙させ、特赦を引き出した。そして戻る途中に自分たちで多額の募金を集め、無事に届け、父親、妻、子どもたちの助けとしたのである。

十月五日の七時、市場の女たちは太鼓が鳴るのを聞いて、もう我慢しきれなくなった。一人の少女が近衛兵のところから太鼓を持ち出し、非常呼集を鳴らしたのである。月曜日、中央市場は空になった。女たちは皆、次のように言いながら出発した。「パン屋さん［国王のこと―訳注］を連れてこよう。パン屋のおかみさんを連れてこよう・・・」。

中央市場の女たちが行進し、それにサン・タントワーヌ街の女たちが合流した。道々出会った女たちを皆、行進に引き込んだ。加わらない者がいれば、髪を切ると言って脅した。彼女たちはまず市庁舎に向かった。女たちは、七百グラムもしないパンを、一キログラムと言って売っていたパン屋を連れてきた。しばらくすると、ランプを手にした国民衛兵が下りてきた。パン屋が自白したにもかかわらず、彼を逃がしたのである。そして集まった四、五百人の女たちに、銃剣を見せた。他方、広場の奥には国民衛兵の騎兵がいた。女たちは、別段驚く様子はなかった。騎兵と歩兵に襲いかかり、石を投げた。兵隊たちは、女たちに発砲するかどうか決めかねた。女たちは市庁舎の中に押し入り、全ての事務室に入った。女たちの多くは、きちんとした身なりをしていた。この偉大な日に備えて、清潔な服を着てきたのである。女たちは各事務室の役割を興味深く質問し、また彼女たちがむりやり連れてきた女たちを手厚く受け入れてくれるよう、各地区の代表たちに頼んだ。その中に妊婦、そしておそらく恐怖によって具合が悪くなった者たちが幾人もいた。飢えて粗暴となった他の女たちは、「パンと武器を！」と叫んだ。

男たちは無気力であった。女たちは男たちに、これが勇気だというところを見せよと迫った・・・。市庁舎の男たちは皆、絞首刑に値し、無駄な文書や記録は焼却すべきだ・・・。女たちはそれを実行した。おそらく建物も燃やそうとしたのであろう・・・。一人の男が、女たちを止めた。長身で黒い服を着た、その深刻な顔は、彼の服よりも悲しげであった。彼を市役所の者だと思った女たちは、裏切り者だと言い、殺そうとした・・・。男は、自分は裏切り者ではなく、職業は執達吏［法の執行官―訳注］であり、バスティーユの英雄の一人だと言った。スタニラス・マイヤールである。

彼は朝からサン・タントワーヌ街で、ひと仕事してきたところである。バスティーユの義勇兵たちは、ユランの指揮の下に、武装して配置についた。要塞を破壊した労働者たちは、彼らが自分たちに敵対するために派遣されたと思った。マイヤールが仲裁に入り、衝突を未然に防いだ。そして市庁舎の火災も食い止めたのである。女たちは、男たちを一人も入らせないことを約束し、武装した見張りを数人、大門に立たせた。十一時、男たちがサン・ジャンのアーケードに通じた小門を攻撃した。てこ、ハンマー、斧、槍で武装した彼らは、ドアを打ちこわし、武器庫を襲った。彼らの中に、その朝、警鐘を鳴らそうとして、現場をおさえられたフランス衛兵がいた。穏健派も他の者同様に怒り、彼を絞首刑にしようとした。もし女たちがいなかったら、吊るされたであろう。フランス衛兵は、ネクタイをしていない自分の首を見せた。それで女たちはロープを外した・・・。人々は報復として、市庁舎の男を捕まえた。それは七月十四日に火薬を配った、あの勇敢なルフェーブル神父であった。じっさい女たち、あるいは女装した男たちは、彼を小鐘に吊るしたのである。彼らの中の一人（女あるいは男）が、ロープを切った。彼は八メートル下の部屋に落下し、呆然としていた。

バイイもラファイエットも、まだ到着してはいない。マイヤールは副参謀長に面会し、全てを収拾する方策は一つしかない。それは、自分が女たちをヴェルサイユに連れていくことだと言った。この行進は、軍隊の結集に要する時間を与えるであろうと。マイヤールは広場へ降り、自分の話を聞かせるために太鼓を敲いた。市庁舎の中では沈着で悲壮であったこの黒衣の大男の表情も、グレーヴ広場では良い印象を与える。事態を良い方向に導くために必要な、冷静さを備えているようにみえる。マイヤールは、八個ないし十個の太鼓とともに先頭を歩いた。七千から八千人の女たち、そして数百人の武装した男たちがこれに続き、最後にバスティーユの義勇兵の隊列が後衛を固めた。

チュイルリーまで来て、マイヤールは河岸沿いを行進することを主張したが、女たちは宮殿および庭園を通ることを望んだ。まるで時計台の下を凱旋するかのように。古いしきたりを遵守するマイヤールは、そこは国王の館であり、国王の庭園である、許可なくそこを通ることは、国王を侮辱することになると注意を促した。彼は敬意を払いつつスイス兵に近づき、「このご婦人方が、なにも壊すことなく、ここを通り抜けることだけをお望みなのだが」と話しかけた。スイス兵は、剣を抜き彼に迫ってきた。マイヤールも剣を抜いた・・・。幸いにも、守衛の一人が杖で一撃し、スイス兵が倒れたところを、一人の男が銃剣をその胸に当てた。マイヤールは彼を止め、そして平然と二人の武器を取り上げ、銃剣と剣を持ち去った。

こうして午前は過ぎ、飢えが増大した。シャイヨー、オートイユ、セーヴルを通過したが、哀れな飢えた者たちが食料を盗むのを防ぐのは、極めて困難である。しかしマイヤールは、それを黙認しなかった。セーヴルまで来て、列は動けなくなった。それに何もなかった。買う物さえも。病人用を一つ残して、全ての門が閉まっていた。マイヤールは、どうにか数本のポットに入ったワインを自ら手に入れ、そして七人の男を指名し、セーヴルのパン屋たちにありったけのパンを持ってこさせるよう命じた。パンは全部で八個しかなかった。八千人に対して十六キロである・・・。人々はこれを分け合い、足を引きずるようにして先に進んだ。女たちの大部分は、疲労で武器を捨てた。そこでマイヤールは女たちに、国王および議会を訪れるよう促した。それが彼女たちの心に触れ、心を動かすことになるのだ。好戦的な集団のまま、到着してはならないのである。大砲は列の最後部に隠すように移動させた。この賢明な執達吏は、後に、例えば裁判所で陳述する時のために、騒動なく誘導したかったのである。彼はヴェルサイユに入る際、この平和の意思の証としてアンリ四世の歌を口ずさむよう合図を送った。

ヴェルサイユの人々は歓声で迎えた。「われらのパリ市民、万歳！」。外国人の見物人は、国王に救いを求めに来たこの集団を見て、無邪気以外の何ものも認めなかった。プティト・ゼキュリ宮殿で夕食をとっていた、革命にあまり好意的でないジュネーブ人のデュモンは、窓から眺めながら呟いた。「この連中は皆、パンしか求めない」。

この日、議会は大波乱の状態にあった。国王は、人権宣言も、八月四日の公布も批准したくなかった。それでも不安な情勢を考慮して、行政権の全てを国王に返還するという特別の条件の下で、全体の合意に基づく範囲において、憲法の条文が判断されうると回答した。

「もし諸君が国王の手紙を受け入れるならば、もはや憲法はなく、憲法をもついかなる権利もなくなるのだ」と、ロベスピエールは言った。デュポール、グレゴワール、そして他の議員も同じ趣旨の演説をした。ペチオンは、近衛兵たちの乱痴気騒ぎに触れ、これを非難した。ある議員は、自らも彼らとともに軍務についていたのであるが、近衛兵たちの名誉のために告発を表明し、容疑者を起訴することを求めた。ミラボーは、「もし議会が、国王個人のみが不可侵性をもつと宣言するならば、私は告発し、サインをするだろう」。彼は王妃のことを言っているのである。この動議は、この日に殺人を引き起こした。

ミラボー自身は、拒否権に賛同することへの躊躇、自らの説明にたいする疑念をもたないわけではなかった。彼は議長に近づき小声で言った。「ムーニエ、パリは我々に向って行進している・・・私を信じようが信じまいが、四万人が我々に向って行進をしているのだ・・・仮病を使って宮殿へ行き、忠告をするのだ。一刻も無駄にはできない」。「パリが行進している？」とムーニエはぶっきらぼうに答えた（彼はミラボーがその首謀者の一人だと思っていた）。「それは結構。それで我々は、より早く共和制を手にすることになるだろう」。

議会は人権宣言の無条件の承諾を求めるため、国王に使者を送ることを決定する。三時にタルジェが、群衆がパリ大通りの門に現れたことを知らせた。

全員が事件を知った。知らないのは国王だけである。国王はいつものように、朝のうちに狩りに出かけ、ムードンの森で馬を走らせていた。人々は国王を探しに行かせ、それを待ちながら、全員招集の太鼓を鳴らした。アルム広場では、乗馬した近衛兵が鉄柵を背にしていた。その右手の下方、ソー大通りの近くをフランドル連隊が固め、さらに下ると竜騎兵が、そして鉄柵の後ろ側にはスイス兵が配置された。デスタンはヴェルサイユ市の名において、国民衛兵と協力し、暴動を抑えるように部隊に命じた。市は慎重を期し、国王をできるだけ早くヴェルサイユに連れ戻し、もし国王がさらに遠くへ行った場合には、国王の後を追うという権限までデスタンに与えた。デスタンは最後の命令に重きを置いて宮殿に赴き、ヴェルサイユの国民衛兵が望むように手はずを整えた。彼の副官グーヴェルネも持ち場を離れ、戦い方や剣の使い方を知っている者と一緒にいる方が自分には好ましいと言って、近衛兵のところへ行った。中佐のルコワントルが、独りとどまり指揮をした。

そうしている間に、マイヤールが国民議会に着いた。女たちは全員、議場に入ろうとした。マイヤールは懸命に説得し、十五名に限ることを納得させた。女たちは、警鐘を鳴らそうとしたフランス衛兵を先頭に傍聴席についた。ある女は、バスク地方の太鼓を棒の先に吊るしていた。中ほどに、破れのある黒服をまとい、剣を手にした大男の守衛がいた。フランス衛兵が、声を張り上げて申し立てた。今朝、どこのパン屋にもパンがないので、警鐘を鳴らそうとして、危うく縛り首になりかけたこと、ここまで連れてきてくれた女たちに恩義があることを、議会に訴えた。「私たちはパンを求めに来たのです。そして帽章を侮辱した近衛兵に対する処罰を求めに来たのです・・・私たちは善良な愛国者です。ここに来る道々、黒い帽章を引きちぎってきました・・・。私は議会の皆さんの前で、これを引き裂く喜びのためにここに来たのです」。それに他の者が、厳かに付け加えた。「全ての者が、愛国の帽章をつけるべきだ」。わずかながら、ざわめきが起こった。

「そうでなくとも、我々はみな兄弟だ！」と、だれかが沈鬱な表情をして呟いた。

マイヤールが、昨日パリ市がおこなった宣言に触れた。「三色帽章は、友愛の徴として採用され、市民がつけるべき唯一のものとなった」。

女たちが我慢しきれずに、一斉に叫んだ。「パンだ！パンだ！」──そこでマイヤールが、パリの恐るべき状況について話し始めた。すなわちパンの輸送車が他の都市によって、あるいは特権階級によって横取りされることを。「彼らは、我々を餓死させようとしている。ある製粉業者は、二百リーヴルを受け取り、毎週同額を受け取ることを条件に、小麦を挽かないことを約束したのだ」。──議場から「名前を出せ！名前を出せ！」という声が上がった。このことについては、すでに議会においてグレゴワールがそういう噂があると述べていた。マイヤールは行進の途中で、それを知ったのである。

「名前を出せ！」それに応えて女たちが、出まかせに「パリの大司教だ」と叫んだ。

まさに多くの人々の命が失われようとする間一髪のところで、ロベスピエールが重要なイニシアティヴをとる。ロベスピエールただ独り、マイヤールを支持した。そして、グレゴワール神父が事実についてすでに語っており、おそらく資料も残っているはずだと述べた。議会の他のメンバーは、女たちの機嫌をとったり、脅したりした。高位の聖職者の議員は、ひとりの女に近づき、接吻しようと女の手をとった。女は怒り出し、「私の手は、犬の足に接吻するようには、できていないわ」といった。サン・ルイ十字勲章をつけた軍人の代議士は、聖職者が憲法の大きな障害となっているとマイヤールが話すのを聞いて逆上し、直ちに見せしめの罰を受けるべきだと言った。マイヤールは少しもたじろぐことなく、次のように反論した。自分はどの議員も告訴しているのではない。おそらく聖職者も憲法の全てについて知っているわけではない、だから彼らがこの情報を得るために手を貸すことが有益であると思うと。ロベスピエールは再度マイヤールを支持し、女たちを静めた。議場の外にいる女たちはじりじりしながら、自分たちの弁士を気遣った。女たちのあいだでマイヤールが死んだという噂が流れたので、彼は議場を出て、無事なところを見せなければならなかった。

マイヤールは発言を再開、帽章に対する侮辱を謝罪するよう、近衛兵に促すことを求めた。議員たちは否認した・・・マイヤールは節度を失うほどの激しい口調で、執拗に求めた。議長のムーニエは、議場の尊重を思い起すよう彼に求めた。そして不用意にも、市民であろうとする者は、自らの意思で市民となりうると付け加えた・・・それがマイヤールに反撃の足場を与えた。「市民という名に誇りをもたない者はいない。もしこの威厳ある議会において、不名誉と思う者がいれば、排除されなければならない」。議場は感動で震え、拍手が起こった。「そうだ。我々はみな市民だ」。

まさにその時、近衛兵から送られた三色帽章が届いた。女たちは「国王万歳！近衛兵万歳！」と叫んだ。それに満足しないマイヤールは、フランドル連隊を追い払わなければならないと主張する。フランドル連隊を追っ払うことができればと考えていたムーニエは、次のように述べた。議会は食糧の獲得について一度もなおざりにしたことはなかった。国王も然り。これから新たな方策を模索する。近衛兵もおとなしくなるだろうと。

マイヤールは引き下がらず、「いや、それで十分とはいえない」と言った。

その時ひとりの代議士が、パリの不幸な状況を国王に伝えに行こうと提案した。議会はそれを決議した。女たちはこの希望にすがりつくように、議員たちの首に飛びつき、また嫌がる議長に接吻した。そして続けて、「でも、ミラボーはどこにいるの？私たちのミラボー伯爵に会いたいわ！」と言った。

接吻され、取り囲まれ、ほとんど窒息状態にあったムーニエは、鬱々として、代表団と執拗につきまとう女たちとともに、議場を後にした。ムーニエは次のように語っている。「私たちは泥の中を歩いた。土砂降りだった。粗末な服を着て、異様な武器を手にし、騒々しくしている武装した群衆の中を通り抜けていると、警ら中の近衛兵が、全速力で駆け抜けた」。ムーニエと議員たちに率いられ、誇らしげに歩いていく、見慣れぬ集団を目にした近衛兵は、どうやら暴動のリーダーたちと見なしたようである。そしてこの一団を追い散らそうと、その中を駆け抜けたのである。不可侵であるはずの議員たちは、泥の中をできるかぎり遠くへ逃れた。

議員と共に尊重されるはずだと思っていた人民の怒りは、如何ばかりであったろうか！・・・。

二人の女が負傷した。それも幾人かの証言によれば、剣によってである。しかし人民は、まだ何も行動をおこさない。三時から夜の八時までの間、近衛兵の忌まわしい制服が通過しても、叫びや罵りの声だけで、忍耐強く身動きもしなかった。一人の少年が数個の石を投げただけであった。

国王が見つかった。別段急ぐ様子もなく、ムードンの森から帰ってきた。

ムーニエはやっと、十二名の女たちとともに受け入れられた。ムーニエは、国王にはパリの窮状について、大臣たちには人権宣言と憲法の他の条文の無条件の受け入れを求める議会の要求について述べた。国王は、女たちの発言に好意を示した。若いルイゾン・シャブリが発言を任された。しかし国王の前に出ると、あまりにも感情が昂って、「パンを！」と言うのがやっとで、気を失って倒れた。国王はいたく感動して、彼女を介抱させた。立ち去るときに、彼女は手への接吻を求めた。国王は父親のように接吻した。

彼女は王党派になって出て来た。そして「国王万歳！」と叫んだ。広場で待っていた女たちは激怒し、彼女は買収されたと言い始めた。彼女はポケットを裏返して、金がないことを示したが無駄だった。女たちは、彼女の靴下止めを首に巻き、締め付けた。誰かが、やっとのことで彼女を引き離した。彼女は宮殿に戻り、小麦を取り寄せ、パリへの食糧供給の障害物をすべて取り除くための命令書を、国王から受け取らなければならなかった。

議長の要請に対し、国王は穏やかに「九時ごろ、また来るように」と答えた。ムーニエは宮殿にとどまり、回答を得るために閣議室のドアのところで待った。そして夜の十時になるまで、時々ドアを叩いた。しかし何ごとも決まらない。

パリ担当大臣のサン・プリエストがこの行進を知ったのは、かなり時間が経ってからである(これはヴェルサイユへの行進が突発的であり、かつ自発的であったことを示している)。彼は、王妃はランブイエへ出発し、国王はとどまり、持ちこたえ、必要ならば闘うことを提案した。王妃の出発のみが、人民を鎮め、闘いを避けることになると。

ネッケルは、国王がパリに赴き、人民に自分の心中を吐露すること、つまり率直で気兼ねなく語りかけ、革命を受け入れることを勧めた。

ルイ十六世は何も決断できず、王妃に相談するために閣議を延長した。

王妃は脱出を望んだ。ただし国王と共に。煮え切らない夫を残していけなかったし、国王の名称は、内戦を始める際の武器となるのである。サン・プリエストは七時ごろ、国民衛兵に突き上げられたラファイエットが、ヴェルサイユへ行進していることを知った。「直ちに出発すべきです。国王が軍の先頭に立ってこそ、うまく事が運びます」と彼は言った。しかし国王は何も決めることはできないでいる。自分がここを離れれば、議会はオルレアン公を国王にすると信じているのである（そんなことはあり得ないのだが）。そうかといって逃亡も嫌だ。大股で歩きまわりながら、時々「逃亡した王！逃亡した王！」と繰り返した。しかし王妃が出発に固執し、馬車を用意する命令が出された。しかし遅すぎた。

＊1　百年戦争で、劣勢だったフランス軍を勝利に導き、シャルル七世の戴冠に貢献した。
＊2　ブルターニュ継承戦争で、獄中の良人に代わり軍を指揮した。

＊3　ブルゴーニュ豪胆王の軍の包囲下で、敵の軍旗を奪い、全軍を励ました。

第九章　人民、国王をパリに連れて行く

十月五日の続き。最初の流血。女たちがフランドル連隊に勝利する。近衛兵とヴェルサイユの国民衛兵との戦闘。国王はもはや、出発不可能。宮廷の恐怖。女たちは、国民議会で一夜を過ごす。ラファイエット、ヴェルサイユ行進を強いられる。十月六日。襲われる宮殿。王妃の危機。旧フランス衛兵に助けられる近衛兵。躊躇する議会。オルレアン公の行為。パリに連れて行かれる国王。

パリの義勇兵の一人が、女たちによって無理やり隊長にされた。しかし行進するうちに高揚してきて、ヴェルサイユに着くと、誰よりも勇気があると思い込んだ。そこで思い切って整列している近衛兵の背後を突っ切り、鉄柵が閉まっているのを見て、中にいた哨兵を後ろから怒鳴りつけ、銃剣で脅した。一人の近衛中尉と他の二人が抜刀し、全速力で彼を追跡した。男は

助けを求めながら、小屋に逃げ込もうとして樽にぶつかり転んだ。騎兵が彼に追いついた時、ヴェルサイユの国民衛兵たちは自制できなくなった。その中の一人、ワイン商人が列を離れ、騎兵に狙いを定め、発砲した。騎兵は、剣を振り上げた腕を負傷した。

この国民衛兵の司令官であるデスタンは、自分が国王とともに出発するものとばかり思い込んで、宮殿にいた。陸軍中佐のルコワントルは広場に留まり、市の命令を求めたが、何の命令もなかった。彼は、この飢えた群衆が街を走り回り、自分たちで食料を探し始めるのではないかという危惧を抱いた。群衆を見つけ、どれだけの食糧が必要か彼らに尋ねた。市に要請したが、わずかな米しか手に入れることができず、これほど多くの群衆にとっては無いに等しかった。そこで彼はいたる所を探させた。その熱意は称賛に値し、人々の気持ちをわずかながら鎮めた。

同時にルコワントルはフランドル連隊のところに赴き、士官および兵士に、発砲するのか否かを問うた。フランドル連隊の兵士たちは既に、はるかに強力な勢力の下にあった。女たちは彼らの中に分け入り、人びとに危害を加えないように懇願した。その時、その中から一人の女が姿を現した。我々は後に、たびたび彼女を目にすることになる。彼女には他の女たちのように泥の中を歩いた形跡がない。おそらく遅れて来たのであろう。彼女は先ず兵士たちの中をすり抜けた。リエージュ生まれの、美貌のテロワーニュ・ド・メリクールである。十五世紀の革命を起こし、シャルル・ル・テメレール［ブルゴーニュ公―訳注］を相手に勇敢に戦った多くのリエージュの女たちがそうであるように、快活で激しやすい。乗馬用の帽子、赤のフロックコートを身にまとい、剣を脇腹に差していた。この機智に富み独創的で風変わりな女は、リエージュ語とフランス語を混ぜながら、しかし雄弁に語った。聴衆は笑い、しかし納得した・・・。情熱的で、魅力的で、非凡のテロワーニュには、障害と感じるものは何もなかった・・・。かつては幾人かの恋人がいたが、今はただ一つ、暴力、死に関わるもの、そして彼女にとっては命よりも価値あるもの、すなわち革命への愛であった。熱狂的に革命を追いかけた。議会傍聴は欠かしたことなく、クラブや広場を駆け廻った。自分の家でクラブを催し、多くの議員を招いた。もはや恋人はいなかった。偉大な形而上学者、常に女たちの敵であり、抽象的な議論をする、冷徹なシイエス神父以外の議員は認めないと表明していた。

テロワーニュはフランドル連隊の中に入り込み、陶酔させ、説得し、武器を放棄させた。フランドル連隊は友好的に、薬きょうをヴェルサイユ国民衛兵に与えた。

この頃、デスタンは、ヴェルサイユの国民衛兵に退去するよう伝えた。彼らの一部は出発した。他の部分は、近衛兵が先に出発するまで自分たちは動かないと答えた。近衛兵に行進の命令が下された。八時になり、闇夜となった。国民衛兵は近衛兵の後に従ったが、罵りの言葉で圧迫した。近衛兵たちは抜刀して、場所を空けさせた。それで窮屈になった後列の兵士が、拳銃を発射した。弾は、三人の国民衛兵に当たった。一人は頬に、他の二人は服に。国民衛兵も発砲し、近衛兵は小銃で応戦した。

別の国民衛兵は宮廷に入り、デスタンを取り囲み、弾薬を要求した。諸部隊の中で、彼らのみが示した熱情と果敢さに、デスタン自身驚いた。「熱烈な真の殉教者」と、後に王妃に語っている。

ヴェルサイユのルコワントル中佐は、もし火薬を渡さなければ脳天に弾をぶち込むことになると、砲兵隊に言い渡した。そして即座に火薬が入った樽を打ち壊し、大砲に詰め、砲身を、宮殿を警護する近衛兵の側面に向けた。

宮殿の他の場所においても、ヴェルサイユの人々の毅然とした態度を見ることができる。五台の馬車が、鉄柵から出ようとしていた。王妃がトリアノンへ行こうとしていると誰かが言った。スイス兵が開門しようとしたが、衛兵は閉めた。「宮殿から離れることは、王妃陛下にとって危険です」と指揮官は言った。馬車は護衛付きで引返した。もはや抜け道はなかった。国王は囚われの身となったのである。

この指揮官は一人の近衛兵を救った。人民に発砲したとして、民衆が近衛兵を八つ裂きにするよう求めた時、指揮官は民衆の関心をうまく近衛兵から逸らした。人々は人間の代わりに馬を八つ裂きにすることで満足した。そしてアルム広場で肉を焼いた。しかし空腹のあまり、ほとんど生のままで喰った。

雨が降ってきたので、民衆は可能なところに避難した。幾人かは、鉄柵を押し破って大厩舎に闖入し、そこにいたフランドル連隊と混宿した。その他の約四千人の民衆は、議会に泊まった。男たちは静かにしていたが、女たちは、この無為な時間を耐えることができなかった。おしゃべりし、叫び、あちこち動きまわっていた。マイヤールだけが女たちを大人しくさせることができるが、しかしそれは、議会で演説する時だけである。

民衆が静まらないのは、近衛兵が議会の扉のところにいる竜騎兵を探しに来て、宮殿を威圧する数門の大砲を奪うのに手を貸して欲しいと頼みに来たためである。誰かが飛びかかろうとしたので、竜騎兵は近衛兵を逃がした。

八時になって、別の動きがあった。国王から、人権宣言には一言も触れずに、穀物の自由な流通を漠然と約束する旨の手紙が届けられた。おそらくこの時には、逃亡の考えが宮殿を支配していたのであろう。この手紙は、閣議室の扉のところで待ち続けるムーニエには何の解答も与えず、辛抱しきれずにいる民衆の気を紛らわせるためのものである。

異様な人物の出現が、宮廷に新たな恐怖をもたらした。粗末な服を着て、憔悴した表情の、民衆らしき青年が入ってきた・・・。それが若きリシュリュ公爵であったことに、人々は驚いた。公爵はこの服装で、新たにパリを出発した民衆の群れに紛れてきた。そして行進の途中で、国王一家に警告するために群れを離れた。公爵は、髪の毛が逆立つような恐ろしい話や、残忍な威嚇の声を聞いた。あまりにも蒼白な顔で話をするので、聞く者も皆も蒼ざめた。

国王は弱気になり始めた。王妃に危険が迫っていると感じた。国王は、夜の十時に人権宣言にサインした。この哲学に偏重した立法の作品を認めることが、自分の信条とってどれだけ高くつくことになろうとも・・・。

ムーニエはようやく、閣議室の扉の前を離れることができた。どんな意図をもつかわからない、パリの武装した大集団が到着する前に、急いで議長席に戻ろうとした。議場に着くと、議場は空だった。閉会したのである。民衆は次第にうるさくなり、パンと肉の価格を下げることを、しつこく要求した。自分の席である議長席には、ベルを手にした大女が行儀よく座っていた。女は渋々、議長席を降りた。ムーニエは、議員を招集するよう命じた。彼は開会を待つ間に、先ほど国王が憲法の条文を受け入れたことを、議場にいる人々に知らせた。すると女たちが彼の周りに押し寄せ、写しをくれるよう懇願した。他の者たちは次のように言った。「ところで議長、それは確かに利益になることなの？それによって、パリの貧しい者たちがパンを手にすることができるの？」

また他の者たちは、次のように言った。「私たちはもう腹ペコ。今日は、まだ何も食べていないの」。ムーニエは、今、パン屋にパンを探しに行っていると答えた。食糧が運ばれ、人びとが食べ始めると、議場はたちまち騒音に満ちた。

女たちは、食べながらムーニエとおしゃべりをした。「でも議長さん。なんであなたは、あの嫌な拒否権を弁護したのよ！・・・街灯に吊るされないように気をつけなさいよ！」ムーニエは毅然として、次のように答えた。拒否権は彼女たちが判断できるようなものではない。あなたたちは騙されている。自分としては、自らの信条を裏切るより、生命を危険にさらす方を好む。この答えは、おおいに彼女たちの気に入るところとなった。それ以来、ムーニエには多大の敬意と好意を示すようになった。

ミラボーのみが、自分の話を聞かせ、喧騒を静めることができた。しかし彼はそうしたことを少しも気にかける男ではなかった。もちろん不安ではあった。複数の証言によれば、その夜、大剣を帯びた人々の間を歩きまわり、出会った人ごとに、「諸君、我々はあなたたちのためにいるのだ」と語った。それから寝室に向かった。デュモン・ル・ジュヌボアが彼を探しに行き、議会に連れ戻した。ミラボーは議場に着くなり、雷鳴のようなあの声で次のように言った。「いかにして、我々の議事に混乱をもたらす事態になったのかを知りたい。議長殿、議会を尊重するように言ってくだされ！」女たちは、「ブラボー！」と叫んだ。わずかに静寂が戻った。議会は刑法の討議を再開した。

「（デュモン曰く）私が廊下にいると、魚屋のおかみが指揮官のようにふるまい、百人ほどの女たち、とくに娘たちを指揮していた。女たちは彼女の合図に従って、叫んだり黙ったりした。彼女は代議士たちを親しげに名前で呼び、いろいろと質問をしていた。『あそこでしゃべっているのは誰ですか？あのおしゃべりを黙らせてください！それが問題じゃない！パンを手に入れることが問題です！・・・。むしろ私たちのミラボー小母さんにしゃべらせたら！・・・』。他の女たちも「私たちのミラボー小母さん！」と叫んだ。しかしミラボーは、少しもしゃべろうとはしなかった」。

五時から六時までの間にパリを出発したラファイエットは、零時を過ぎて到着した。我々は時間を遡って、正午から零時までの彼を追わなければならない。

十一時ごろ、侵入を知らされたラファイエットは市庁舎へ直行した。そこから群衆が出ていくのを目撃した彼は、国王宛ての至急便を口述した。有給、無給を問わず、国民衛兵がグレーヴ広場を埋めつくしていた。そして隊列のあちこちから、ヴェルサイユへ行くべきだとの声が上がった。とりわけ旧フランス衛兵の多くは、国王の護衛という、かつての特権を懐かしみ、取り戻したいと思っていた。彼らの中の数人が市庁舎に上っていき、ラファイエットがいる事務所のドアをノックした。一人の若い美男子の擲弾兵が、雄弁にかつ毅然として述べた。

「将軍閣下、人民のパンは欠乏し、窮乏は頂点に達しています。食糧委員会あるいはあなたが裏切っているか、そうでなければ裏切られているのです。この状態はもう続きません。最早、手段はひとつしかありません。ヴェルサイユへ行きましょう！・・・。国王は愚鈍だと、人々は言っています。我々が王太子の頭に王冠を被せましょう。そして摂政会議のメンバーを指名しましょう。そうすれば、すべてうまくいきます」。

ラファイエットは意志が強く、物事に動じない男である。しかし群衆は、彼以上にそうであった。彼は当然の如く、自分の影響力を信じていた。しかしそれが過大な自己評価であることを思い知ったであろう。彼は群衆にむかって演説するか、白馬に跨り数時間もグレーヴ広場に留まって、時間を潰した。ある時は誰かと話し、ある時は沈黙を命じる仕草をし、あるいは馬を撫でたりした。ラファイエットの苦境はさらに深刻になった。彼に圧力をかけるのは、彼の国民衛兵だけではなかった。サン・タントワーニュ街やサン・マルソー街から来た群衆もそうであった。彼らは、ラファイエットの話を少しも聞こうとしなかった。それどころか、身振りを加えて雄弁に将軍に語りかけ、彼のためにランプを用意し、銃口を向けた。そこでラファイエットは馬から下り、市庁舎へ戻ろうとした。すると彼の擲弾兵たちが遮った。「将軍、私たちと共にいてください。私たちを見捨てないでください」。

幸運にも、一通の手紙が市庁舎から届けられた。「拒否することは不可能であると思われ」、将軍に出発の許可を与えるものだった。ラファイエットがしぶしぶ「出発」の号令を発すると、歓喜の叫びが起こった。

三万の国民衛兵、一万五千の女たちが行進した。これに数千人の男たちが加わる。三色帽章への侮辱は、この遠征に崇高なる根拠を与えた。皆が、行進に拍手を送った。水辺のテラスでは、上品な服装の人々が行進を見て拍手した。

悪天候が、行進の速度を大幅に落とした。先ほどまで意気盛んであった多数の国民衛兵の熱情も冷めてきた。もはや七月十四日の、あの上天気ではない。冷たい十月の雨である。幾人かは、途中で行進を中断した。他の者は、悪天候を罵りながらも歩いた。金持ちの商人たちは「田舎の別荘へ行くのに、晴天の中を馬車でしか行かない者にとっては、雨の中を十六キロも歩くのは辛い」と言った。他の商人たちも、「我々も、こんな難行をしている時間はないのだ」と、口々に王妃を責め、悪意の言葉を投げつけた。

宮殿は、最大級の不安をもって群衆を迎えた。そしてラファイエットが、強いられたように見せかけて、実はこの機会を利用しようとしているのだろうと思った。十一時には群衆が解散させられたので、馬車が再び鉄門を通り抜けられるかを知りたがった。ヴェルサイユの国民衛兵は寝ずの番で、門の警備に当たった。

いずれにせよ、王妃は一人で出発することは望まなかった。王妃は、もし国王と離れ離れになれば、自分にとって安全な場所はどこにもないだろうと考えていた。約二百名の貴族―議員も幾人かは含まれていた―が王妃の警護を申し出て、王妃の厩から馬を引き出す命令を彼女に求めた。王妃は、もし国王に危険が迫った時にそれを許可すると言った。

ラファイエットはヴェルサイユに入る前に、部下にあらためて法と国王にたいする忠誠の誓約をさせた。彼が到着を国王に告げると、国王は次のように答えた。朕は面会を嬉しく思う。朕は、朕の「人権宣言」を受け入れたところである。

ラファイエットは一人で宮殿に入ってきた。衛兵やそこにいた者は、皆、大いに驚いた。「牛の目の間」では、廷臣の一人が大げさに「クロムウェルが来た」と言った。それにラファイエットは、「クロムウェルなら一人で来ないでしょう」と返した。

（そこにいた）スタール夫人は、「彼はとても穏やかな表情をしていました」と語っている。誰もがそう感じた。ラファイエットはその繊細さゆえに、役割の重要さに苦しんだ。彼が頼もしく見えるだけに、ますます尊重されるのである。いずれにせよ、彼自身に振るわれる暴力は、一度も王党派ではなかった彼を、ますます王党派にしていくのである。

国王は国民衛兵に、宮殿の外の任務を与えた。近衛兵は依然として宮殿内の任務である。その外の任務も、全体をラファイエットに任すのではなかった。彼の警ら隊の一人が公園を通ろうとしたが、鉄柵が彼を阻んだ。公園は、近衛兵と他の部隊が占領していた。彼らは、国王が逃亡を決心した場合に備えて、午前二時まで待機していた。二時になって、ラファイエットが両者を鎮めた。近衛兵は国民衛兵に、自分たちがランブイエに向うこともありえたと語った。

三時、議会が閉会した。人々は議会から散り、可能な限り教会や他の場所で寝た。マイヤールと多数の女たち—もちろん、国王に直訴したルイゾン・シャブリも含まれていた—は、ラファイエットが穀物についての勅令と「人権宣言」を持参した直後に、パリに向けて出発した。

ラファイエットはやっとのことで、雨に濡れて疲労困憊している彼の国民衛兵を収容した。国民衛兵は衣服を乾かし、食事をした。すべてが落ち着いたと判断したラファイエットは、ノワイユ邸に赴き、二十時間におよぶ労力と喧騒がやっと終わったかのように、深い眠りに落ちた。

　人びとの多くは眠らなかった。夜になってパリを出発し、前日の疲れを残さなかった人々は、とくにそうであった。最初の行進は女たちが中心で、自然発生的で、率直で、殆ど必要に迫られたものであり、流血を招くこともなかった。マイヤールは、無秩序のなかに、いくらかでも秩序を持続するという栄誉を手にする。これまでこのような運動に見られた自然発生的な高揚からは、こうした第二の行進が起きるとは考えられなかった。それが事実、国民衛兵の目の前で、しかも彼らと共同するように起こったのである。それでも、国民衛兵なしで行動しようと決めた男たちもいた。その中の幾人かは、王妃の殺害を願っている怒り狂った狂信者たちである。他の者はこの狂信者を装う盗人たちであった。彼らは宮殿に侵入する機会を窺っていた。バスティーユは、彼らの気を引くものは何もなかった。しかしヴェルサイユの華麗な宮殿には、一世紀を超えてフランスの富が蓄積されている。この心を奪われるほどの豪華さが、略奪者のために開かれているのである！

　朝の五時、夜明け前、すでに槍、鉄串、長柄の鎌などで武装した大勢の群衆が、鉄柵の周りを彷徨っていた。彼らは銃を持っていなかった。近衛兵が鉄柵の見張りに立っているのを見た群衆は、国民衛兵に近衛兵を撃つように迫った。国民衛兵はそれに従ったが、はるか上方をねらって撃った。

ヴェルサイユの人々の憎悪の念は、もしかしたらパリ市民より激しいのかもしれない。長いあいだ宮廷に対して、近衛兵に対して、苛立ちをもち続けてきた。彼らは昨日訪れた絶好の機会を逃した。そのことを悔いており、決着をつけたい気持ちでいる。

六時頃、ヴェルサイユとパリの人々が入り交じり、鉄柵を乗り越え、あるいは打ち破って、恐れとためらいを覚えながらも宮殿の中庭に入ってきた。王党派が言うところによると、最初の犠牲者は大理石の中庭に忍び込もうとして落下したものとされる。より信憑性が高い他の見方によれば、彼は近衛兵が撃った一発で殺されたということである。

一部は王妃の住居がある左方に向かい、他は右方、国王の住居により近い礼拝堂の階段に向かった。左方では、先頭部分を走る非武装のパリ市民の一人が、近衛兵に出っくわした。近衛兵は、これに短刀の一突きを与えた。人々は近衛兵を殺害した。右方では、ヴェルサイユ衛兵の義勇兵が、ひとり先頭を走った。目が窪み、頭髪はわずかに残り、手は鍛冶場でひびが切れている小男の錠前屋である。彼ともう一人の男が、階段を数段降りてきて話しかける近衛兵に応えず、近衛兵の皮バンドを掴んで引きずり下ろし、後からやってくる群衆に引き渡そうとした。仲間を取り戻そうとして、近衛兵のうち二名が殺された。群衆は皆、大回廊を通って、国王と王妃の住居の間にある「牛の目の間」に逃れた。そこにはすでに別の近衛兵がいた。

王妃の住居への攻撃が、もっとも激しかった。王妃の部屋付きのメイドの姉妹であるカンパン夫人が扉を細目に開けた時、そこに怒り狂った者たちを血だらけになって阻止している近衛兵が見えた。彼女はこの扉と次の扉に差し錠をかけ、王妃に付き添いペチコートを渡し、国王のところへ連れて行こうとした・・・。しかし、運悪く・・・逃げようとする扉には、向こう側から差し錠がかかっていた。扉を叩く音が、いっそう激しくなった・・・。国王は、自分の住居にはいなかった。王妃に会おうと、別の抜け道を急いでいた。その時、王妃のすぐ近くで、拳銃そして小銃を撃つ音がした。王妃は、涙を浮かべ叫んだ。「皆さん、親愛なる皆さん、私を助けてください。子どもたちを助けてください」。誰かが王太子を連れて来た。やっと扉が開き、王妃は国王の住居に向けて立ち去った。

群衆は次々とドアを激しくノックしながら、「牛の目の間」まで来た。近衛兵は長椅子、丸椅子、その他の家具を積み上げてバリケードを築き、そこに立て籠った。壁板の下方が吹っ飛んだ・・・。近衛兵たちは、死を覚悟した・・・。しかし突然、物音が止んだ。そして穏やかだが、力強い声が聞こえた。「ドアを開き給え！」開かないので、同じ声が繰り返した。「さあ、開くんだ。近衛兵の諸君。我々はフォントノイの戦いで、君たちの部隊が我々を、我々フランス衛兵を救ってくれたのを忘れてはいない。」

それはフランス衛兵だった。そして今の国民衛兵である。当時フランス衛兵の曹長であった、勇猛で心の広いフォッシュである。貴族を助けに来た人民である。彼らはドアを開き、泣きながら互いに相手の腕の中に飛び込んだ。

そのとき、無理やり抜け道に連行されたと思い込み、救助者を殺し屋と見なしていた国王は、思いやりと気力を取り戻し、自らドアを開け、そこにいた人々に言った。「私の護衛を傷めつけないでくれ」。

危機は去り、群衆は退出した。盗人だけが獲物を諦めなかった。ひたすら仕事に没頭し、獲物を盗み出した。擲弾兵が、この悪党たちを宮殿から追っ払った。

宮殿の中では、恐ろしい光景が進行中であった。長いあご髭をはやした男が、あの階段で殺された二人の近衛兵たちの首を、懸命に切断していた。この男は、絵画アカデミーに属する画家のモデルであった。この首切り男がこの日のために着ていた、絵から跳び出したような古代の奴隷の服は、その場にいた皆を驚かせ、そして恐怖させた。

寝過ごしたラファイエットが馬で到着すると、一人の近衛兵が、一個の死体の傍へ連行されるのを目にした。近衛兵の仲間によって殺された群衆のために報復しようというのである。ラファイエットは「私は国王に、国王の兵は助けると約束した。私の約束を尊重してくれ」と言った。近衛兵は救われたが、ラファイエットはそうはいかなかった。怒り狂った男が「彼を殺せ」と叫んだ。ラファイエットはその男の逮捕を命じた。従順な群衆が、彼を将軍の前に引きずり出し、その頭を敷石に打ち付けた。

ラファイエットは宮殿に入った。国王の叔母のアデライード夫人が、彼に接吻をした。「私たちを助けたのは、貴方でしたのね」。彼は国王の執務室へ走った。一人の上級士官が一瞬だけ彼を制止した後で、重々しく言った。「国王陛下は、広間から入ることをお許しになっております」。

国王はバルコンに姿を見せた。満場からひとつの声が起こった。「国王万歳！国王万歳！」「国王はパリに！」これは第二の声である。皆がそれを繰り返した。すべての兵がこだまのように、それに応じた。

王妃は窓の近くにいた。娘は、彼女にぴったりと身を寄せていた。王妃の前には、王太子がいた。妹の髪の毛で遊んでいた王太子が言った。「ママ、お腹が空いたよ！」これは欲求に対する厳とした反応である！飢えは、人民から国王へと移転したのだ！神のご意思を！神のご意思を！お許しください！これは子供なのです。

この時、幾人もの群衆から、その場が凍り付くような言葉が発せられた。「王妃！」バルコニーにいる王妃を見たいと思ったのである。王妃はためらった。「王妃、なぜお一人でおられるのですか?ご心配にはおよびません」と、ラファイエット。王妃はバルコニーに移動した。しかし一人ではなかった。片方の手に娘の手を、もう片方には息子の手を握り、見事なまでに母親然として前に進んだ。大理石の中庭は恐怖に包まれ、苛立ちがうねりのように伝播した。周りを固めている国民衛兵は、中央付近の群衆には責任をもてなかった。そこには怒り狂い、そして無分別になった男たち、それに火器があった。その時、ラファイエットが驚嘆すべきことをやってのけた。震えている王妃のために、自分の人気、運命、命を危険にさらした。彼は王妃とともにバルコニーに現れ、彼女の手に接吻したのである。

群衆は、それに反応した。感動は満場のものとなった。人々は王妃に女を見、母親を見た。それ以上の何ものでもなかった。「あぁ！なんという美しい方！・・・えっ！あのお方が王妃様なの?・・・お子様たちを、あんなに愛撫なさっているよ！・・・」。偉大な人民よ！汝の寛大さと忘却に、神の加護あれ！

王妃がバルコニーに移動したとき、国王はひどく震えていた。事態が好転すると、ラファイエットに語りかけた。「朕の近衛兵たちに、何かしてやれることはないか？教えてくれ給え」。ラファイエットは国王をバルコニーに導き、宣誓すること、そして自分の帽子に国民帽章［三色—訳注］をつけて示すことだと答えた。近衛兵は帽章に接吻した。人々は「近衛兵万歳！」と叫んだ。擲弾兵も近衛兵の帽子を受け取り、彼らの帽子を与えた。こうして帽子が混ざり合い、もはや味方を撃つ危険なしに近衛兵を撃つことはできなくなった。

ヴェルサイユを離れるのを最も嫌がったのは、国王である。宮殿を離れることは、国王にとっては王権から去ることと同じことであった。数日前に国王はマルーエと他の議員たちの願いを退けた。彼らはパリからさらに遠く離れるために、議会をコンピエーニュに移すことを国王に願い出たのである。今、国王はヴェルサイユを離れ、この恐ろしい群衆とともに、パリに向わなければならない・・・。王妃に何が起こるのか？そのことについては、あえて考えようとはしなかった。

国王は、議会を宮殿に招集するように要請させた。一旦はラファイエットを後ろ盾として、議会と国王が合同で会議を開き、議員の幾人かが、パリに行かないことを国王に懇願し、この願いを議会の決意として、人々に示したこともあった。大運動がすべて終わり、疲弊、倦怠、飢えが、少しずつ人々を運動から遠ざけていった。そして運動は自ら消滅した。

招集が始まった議会には、ためらいと動揺が見られた。

先入見もなかったが、断固とした考えもなかった。この人民の運動は、突然に皆の心を掴んだ。最も洞察力の鋭い頭脳も、何も予見しなかった。ミラボーもシイエスも、少しも予測しなかった。シイエスは最初にこの運動を知った時、憂鬱そうに言った。「まったく理解できない。逆の方向へ向かっている」。

彼は革命にとって有害だと言いたかったのだと私は思う。この時期のシイエスは、まだ革命至上主義者であった。そしてどちらかと言えば、分家のオルレアン家に好意的であったであろう。

国王がヴェルサイユを去り、彼の古き宮廷を決別すること、そしてパリに来て人民のただ中で暮らすことは、間違いなく十六世が人気を回復する絶好の機会であるに違いない。もし王妃が（殺されるか逃亡するかして）国王について来なければ、パリ市民はおそらく国王への愛情を取り戻していたであろう。パリ市民は、めったに怒った表情を見せないこの太っちょの国王が大好きであった。その肥満は国王に穏やかさと父性愛の雰囲気を与え、民衆の好みにぴったりと合ったのである。以前には、市場の女たちは国王を良きパパと呼んでいた。これが人民の考えの全てである。

国王があれほど恐れたこのパリへの移転は、反対の立場の者たちをも恐れさせた。革命を強固にし、存続させようとする者、さらには愛国的あるいは個人的な観点から、オルレアン公に国王代理官（あるいはそれ以上）の職を与えることを願った者たちである。

後者は、王妃を殺害させようとしていると非難されているのであるが、彼らにとって最も都合が悪いことは、王妃が殺され、国王だけがこの根強い不人気から解放され、パリに身を落ち着け、ラファイエットやバイイのような連中の手に落ちることである。

オルレアン公は、十月五日の運動には全く関わらなかった。彼は、何をしたらよいのか、どうすればこの機会を利用できるのかもわからなかった。五日と次の夜は動揺して、ただ行ったり来たりするだけであった。証言によると、パリとヴェルサイユの間のいたる所で彼を見かけたが、いずれにおいても彼は何もしなかったということである。六日の朝八時から九時のあいだ、すなわち殺人がおこなわれた直後、まだ流血の跡が残る宮殿の中庭に、帽子に大型の帽章をつけた笑顔のオルレアン公が、手にしたステッキを振り回しながら人々の前に姿を現した。

話しを議会に戻せば、宮殿に向かった議員は四十名もいなかった。大部分は玄関ホールに、所在なさげにたむろしていた。傍聴席を埋めている人々は、疑念を覚えた。

その時ミラボーが起立して、いつものように人民への服従を誇る言葉をちりばめて、次のように述べた。「もし王たちの居城で審議をするとすれば、それは議会の自由を危うくする。議場を去ることは、議会の尊厳にふさわしくない。国王への対応は、使節の派遣で充分である」。若いバルナーヴは、ミラボーを支持した。議長のムーニエは反対したが、無駄であった。国王がパリに行くことに同意したことは、ついに人々の知るところとなった。議会はミラボーの提案によって、今会期中は、議会は国王と不分離であることを決議した。時が過ぎ、まもなく午後一時になろうとしている・・・。出発し、ヴェルサイユを去らなければならない・・・。さらば、旧王政よ！

国王を囲んだ百名の議員、そして軍隊、人民の全てが、ルイ十四世の宮殿を後にした。二度とそこに戻ることはない。

群衆が、一斉に動き出した。国王を前後から挟んで、パリに向うのである。男も女も、それぞれの手段で行進した。徒歩、馬、馬車、どこかで見つけた荷車、砲車と様々であった。飢える都市にはなによりの、小麦の輸送団に会うという幸運にも恵まれた。女たちは槍の先に大きな丸パンを突き刺し、他の女たちは、十月というのにすでに黄色く色づいたポプラの枝を手にしていた。そして陽気に満ちた表情で、思い思いに笑顔を交わしていた。王妃に向けたいくつかの冷やかしは別にして。彼女たちはこう叫んだ。「私たちは、パン屋の親父さんと、かみさんと、小僧［王太子――訳注］を連れて行くのさ」。

誰もが、国王と一緒にいる限り、飢えで死ぬことは決してあり得ないと思っていた。誰もがまだ王党派であり、良きパパをやっと確かなところに委ねることができた喜びに浸っていた。国王はそれほど賢くはなく、言葉も十分ではない。それは王妃のせいである。しかしパリに来たからには、より良い相談相手になる女性には事欠かないであろう。

行進には、喜び、悲しみ、暴力、陽気、陰気の光景が、同時に見られた。

人びとは希望をもった。しかし天気は行進に味方しなかった。雨の中、泥につかりながらゆっくりと行進した。歓喜のためか、あるいは銃を空にするためか、絶えず銃声が聞こえた。

ラファイエットが扉に張り付いて護衛する王家の馬車は、まるで棺のように進んだ。

王妃は不安であった。馬車は無事に着くことができるのであろうか？王妃はラファイエットに、それについてどう考えているのか、そしてあのバスティーユ奪取の日に市庁舎で議長を務め、状況をよく把握しているモロー・ド・サン――メリーに、彼自身が質問した内容を尋ねた。ラファイエットは、意味深長な言葉で答えた。「私は王妃がお一人でチュイルリーにお着きになれるかどうか疑っています。しかし一旦市庁舎へ行かれると、そこから戻って来ることができるでしょう」。

国王がパリに着いた。彼がいるべき唯一の場所、まさにフランスの中心であるパリへ。我々は、彼がそれにふさわしい国王であることを願おう。

十月六日の革命は、必然で、自然で、合法であった点で稀代のものであり、すべて自発的で、予測不能であった点で、真に人民のものである。七月十四日の革命が男たちのものであるように、それは女たちのものである。男たちはバスティーユを奪い、女たちは国王を奪った。

十月一日、すべては、ヴェルサイユの奥方たちによって台無しになった。

十月六日、すべては、パリの女たちによって回復した。

著者略歴

瓜生《うりゅう》 純久《すみひさ》

1944年生れ。福岡大学卒。在仏15年

ジュール・ミシュレ
抄訳《しょうやく》「フランス革命史《かくめいし》」第一巻《だいいっかん》・第二巻《だいにかん》

二〇一八年十月十一日　初版　第一刷発行

著　者　ジュール・ミシュレ
訳　者　瓜生純久
発行者　新舩海三郎
発行所　株式会社 本の泉社
〒113-0033　東京都文京区本郷二-二五-六
TEL. 03(5800)8494
FAX. 03(5800)5353
http://www.honnoizumi.co.jp

印刷／製本　中央精版印刷株式会社
DTP　河岡 隆(株式会社 西崎印刷)

ISBN978-4-7807-1909-3　C0022